Alla ricerca della verità
di Carlo Fulgheri
Proprietà letteraria riservata

Alla ricerca della verità

Premessa

Quella sera me ne tornavo a casa con lo sguardo puntato verso i piedi. Ero di malumore ma non riuscivo a stabilirne la causa, o forse non volevo farla emergere per paura di stimolare ulteriormente quella condizione di disagio. Ero infastidito da un tarlo sottile che si era insinuato nei miei pensieri da tempo, senza che riuscissi a dargli una forma precisa. E dire che per natura sono sempre stato ottimista, nonostante non mi siano mai mancate le occasioni per riflettere sulla mia condizione, che non è mai stata buona dal punto di vista economico, ma a un certo punto, proprio quando il bisogno è ricorrente, o addirittura stabile, ci si adegua a quella condizione, ricavando una nicchia nella quale è possibile persino illudersi di stare bene. Avevo rivolto lo sguardo verso l'alto. Era nuvolo; però s'intravedeva la luna e di quando in quando persino una porzione della volta celeste, nella quale potevo scorgere delle stelle. Qualche attimo, poi il varco era stato oscurato dai cirri che si rincorrevano con l'intento di rendere uniforme quel manto opprimente. Avevo abbassato lo sguardo, deluso, ma in qualche modo affascinato dal fenomeno che stavo ammirando, del resto era fine novembre e la temperatura persino superiore alla media, anche se umida e pungente. Era logico che la stagione facesse il suo corso e forse anche il mio umore era conseguente al periodo e alle condizioni atmosferiche. Ma no! Io questa stagione l'ho sempre amata, anzi, in assoluto, l'autunno era la mia stagione preferita e non aveva mai intaccato il mio umore. Di qualunque cosa si trattasse, a quel punto mi ero reso conto che quella condizione di disagio interiore perdurava da qualche tempo e mi stava cambiando. Stava cambiando il mio modo di essere e di pormi nei confronti degli avvenimenti e delle persone che frequentavo, che mi avevano sempre apprezzato per la mia capacità di sdrammatizzare persino le situazioni più precarie e di farci pure una battuta sopra.

"Ero depresso?"

Avevo inarcato le sopracciglia, interrogandomi tra me e me.

"Ma cos'è la depressione?" È uno stato umorale col quale un individuo reagisce in modo sproporzionato a una situazione difficile ma solvibile. E no, non si trattava del mio caso. Come ho già accennato, in situazioni difficili ci navigo da una vita. Sono divenute il mio brodo di coltura, anche se ultimamente le ragioni per indurre l'essere umano a un minimo di ottimismo si sono assottigliate sempre di più e appare sempre più evidente il dramma che ci attende nel prossimo futuro. Più prendiamo coscienza della nostra condizione e più ci rendiamo conto di quanto le nostre consuetudini stiano erodendo la qualità della permanenza umana sul nostro pianeta. Avevo alzato nuovamente lo sguardo e in uno squarcio delle nuvole avevo intravisto Venere. Sembrava un faro puntato su di me. Come se volesse sondarmi, quasi volesse carpirmi i pensieri, per ritrarsi poi sconcertato. Ormai il cielo si era chiuso completamente e una pioggerellina fine, quasi impalpabile, aveva riempito l'aria offrendo ai miei occhi un ambiente surreale, padano. Certo che ce ne vuole di fantasia per definire padano un paese come quello in cui abito; per quanto possano essere sbiaditi i ricordi degli anni trascorsi in quei luoghi, ai tempi della mia prima gioventù. Questo dove risiedo e dove per altro mi sono ricavato una nicchia nella quale rifuggo da tutto e da tutti, quasi che i miei stessi pensieri possano rappresentare un pericolo per la mia incolumità, non è altro che un deposito di automobili allineate ai bordi delle strade, delimitate per la quasi totalità da case fatiscenti, o comunque incompiute, in conseguenza della necessità di abitarle nel più breve tempo possibile. Non è uno spettacolo esaltante, soprattutto dal punto di vista urbanistico, lasciato all'estro dei singoli per il timore da parte di chi amministra di inimicarsi chicchessia, imponendo un minimo di regole che tutelino gli interessi comuni. Ero così assorto, quando davanti a me avevo intravisto qualcosa che si muoveva nella semioscurità, appena rischiarata dalla luce del lampione. Un topo era emerso da una grata e si stava scotendo per liberarsi dall'acqua che ne aveva intriso i peli. Evidentemente erano bastate quelle quattro gocce a riempire le condutture e l'animale cercava di mettersi in salvo. Avevo sentito una specie di brivido, forse dovuto ai condizionamenti o alla repellenza di quell'animale, comunque, in una frazione di secondo gli ero andato addosso, prima ancora che si fosse adeguato e che potesse individuare un rifugio all'esterno delle fognature. Gli avevo schiacciato una pedata ritraendo l'arto subito dopo, quasi che potesse contaminarmi in qualche modo. Chissà come avrebbe giudicato la mia azione, un animalista? Non che me ne curassi più di tanto, perché primo tra tutti volevo essere io a valutare se il mio gesto era dovuto a un fatto istintivo, o generato da una matrice culturale, ma che poi nella pratica, a ragionarci, poteva presentare aspetti riprovevoli. Tutto dipende da come noi inquadriamo le nostre azioni, dai fini che vogliamo raggiungere. Certo, perché persino dal punto di vista ambientale, tutto dipende dall'ottica di chi osserva. Dal canto mio avevo eliminato un pericoloso concorrente, anche se in conseguenza della sproporzione dei rapporti di forza, per ora sono loro che devono accontentarsi dei nostri scarti. Per i topi e per la quasi totalità degli altri animali e vegetali, siamo noi, il pericolo incombente e forse non solo per loro. Bastava guardare quello che avevo davanti: tutti gli spazi erano occupati dalle macchine. Ormai era quasi impossibile muoversi a piedi e la gente si comportava di conseguenza, posteggiandole con la portiera il più possibile adiacente all'ingresso delle case, costruendo da sé la propria prigione senza rendersene conto. Tutto questo ha un costo! Avevo pensato, voltandomi all'indietro per cercare di quantificarlo, e ad un simile costo equivarrà una contropartita di attività e di profitti che varranno il sacrificio di vivibilità cui l'essere umano si sottopone, erodendo progressivamente l'ambiente stesso che gli permette di vivere. Avevo cercato ancora una volta di vagliare mentalmente, per quanto potessero consentirmelo le mie conoscenze, le possibili fonti di reddito di quella zona. In loco non c'erano industrie. Le miniere erano appena un ricordo per le persone mature. L'agricoltura pressoché inesistente. L'allevamento quasi esclusivamente di ovini, che, a detta degli stessi interessati, non vedeva un adeguamento del prezzo del latte da almeno vent'anni. Mi chiedevo di cosa vivesse la gente di quel luogo. Come potesse comprare quelle automobili, ma non riuscivo a darmi risposta. Avevo nelle orecchie le argomentazioni che ormai mi erano divenute abituali, della quasi totalità delle persone che avevo frequentato per ragioni di lavoro e che si lamentavano del peggioramento delle condizioni economiche, poco inclini a un adeguamento consequenziale. A me sembrava tutto così chiaro... Forse perché da ragazzo avevo letto Asimov e le sue asserzioni non mi erano uscite dall'orecchio. Quanto tempo era passato, da allora...? Io penso che un individuo sia ampiamente giustificabile quando con le sue azioni commette degli sbagli perché non conosce, ma quando abbiamo documenti che ci mettono in guardia del pericolo incombente con un anticipo di quella portata, allora non abbiamo attenuanti, allora le sciagure le cerchiamo di proposito. Ormai non viviamo più degli interessi, stiamo consumando il nostro capitale. Cosa sarà delle generazioni future? Sinceramente non mi sembra ci sia nell'aria un minimo di ripensamento che includa una inversione di tendenza. Il fatto è, che ci sono forze per le quali la ragione non è bene accetta e per affermarsi, nel tempo, gli effetti della sua inosservanza devono essere talmente evidenti da non poter più essere praticabile in modo indolore.

Ci si lamenta, almeno certa stampa non fa che rimarcarlo, che la classe dirigente del nostro paese è in età troppo avanzata. Io non credo che sia una questione d'età ma di sensibilità, perché tutti, giovani e anziani si comportano allo stesso modo, tutti o quasi, indifferenti riguardo alla piega che hanno preso gli avvenimenti dal punto di vista ambientale e sociale. Forse perché dal portone di casa entrano direttamente nella macchina, che tengono parcheggiata col boccaporto adiacente. Possibile che non si rendano conto che negli ultimi cinquant'anni c'è stata una tale trasformazione del territorio da non renderlo più riconoscibile a chi lo ha vissuto a quei tempi? Mi ero fermato per concentrarmi, perché anche se ero a piedi, quel minimo di impegno necessario a muovere i passi poteva attenuare il ricordo senza che potessi coglierlo in tutte le sue componenti, compresi urla e profumi. In quel momento ero stato folgorato da un'immagine della mia adolescenza, allorché in una giornata primaverile le insegnanti delle medie ci avevano guidato verso la campagna, in un sito vagamente archeologico. Il paese allora era pervaso dalla campagna, senza che avesse confini delimitati che definissero in modo preciso l'uno o l'altra, tuttavia, ogni volta, quelle scampagnate per noi erano una specie di festa, anche se io in quell'occasione mi ero trascinato in modo distaccato, preso come sempre dalle mie fantasie. A un certo punto ero rimasto indietro e mi chiedevo cosa avessero da urlare i miei compagni di classe, spariti dietro una fitta siepe di rovi dopo averla attraversata in un varco appena percettibile. Il mio compagno di banco era addirittura tornato indietro a cercarmi: "Dai, vieni a vedere!"

Aveva urlato al mio indirizzo, caricando quella frase di promesse che avevo accolto con scetticismo. Invece, era stata come un'esplosione. Una vera e propria esplosione visiva! Il rio, in conseguenza delle piogge abbondanti dell'inverno appena trascorso, era straripato, formando ampie anse delimitate dalla ghiaia. E così ero rimasto anch'io inebetito ad ammirare quello scenario che si estendeva a perdita d'occhio, quelle tavole azzurre brillanti e una coltre di fiori dalle tonalità più svariate che le racchiudevano. Sulla destra, ai limiti dell'argine del fiume, frassini e salici sui quali si arrampicavano lunghi tralci d'uva selvatica creavano una vera e propria barriera, permettendo a quella nicchia un rigoglio al riparo da occhi indiscreti. Tutt'intorno la fioritura primaverile trionfava con estensioni che si prodigavano dal tenue allo sgargiante, punteggiando un tappeto verde anch'esso di varie sfumature, e di fiore in fiore banchettava ogni sorta d'insetto, a racchiudere quelle strisce che riflettevano il cielo, appena ondeggiate da una lieve brezza. Ricordavo persino una mia compagna di classe che si era interposta tra me e quello sfondo: aveva i capelli corvini lunghi sino alle spalle, ed una camicetta di colore chiaro col colletto alla marinara che lasciava intravvedere una pettorina rosa. Ero rimasto talmente affascinato da quello spettacolo da eleggere quel posto a meta abituale del mio peregrinare pomeridiano, accompagnato da un amico col quale eravamo praticamente inseparabili. L'avevamo eletto a nostro regno e ne godevamo dei diritti di raccolta, che fossero asparagi o tinche, che boccheggiavano man mano che l'acqua dell'ansa defluiva a causa dell'evaporazione. Ne avevamo preso atto casualmente un pomeriggio che ce ne stavamo bighellonando in quei luoghi, vedendo che dall'acqua rimasta nell'alveo emergevano delle bolle d'aria. La curiosità di capire di cosa si trattasse ci spinse a frugarci dentro e ci trovammo tra le mani dei pesci di mezza taglia, ma eravamo a mani nude e non sapevamo come portarli a casa. Lo spirito d'avventura, il desiderio di emulare i nostri eroi, che a quei tempi erano uomini che si muovevano pienamente a loro agio nelle insidie della giungla, ci fece individuare la soluzione, così tornammo in paese con delle collane di giunchi e le nostre perle erano le tinche.

Ci sono tornato anni dopo. Neanche tanti; quando sono rientrato dalla mia esperienza lavorativa nel nord del nostro paese, in una delle mie ricognizioni per galvanizzare la memoria; ma quello era un altro luogo! Tutta la campagna era stata trasformata dalle arature in profondità. Le siepi erano state spazzate e in quei luoghi magici prosperava un campo di granoturco. Prosperava, sarebbe stato un termine che avrei considerato appropriato se non mi fossi avvicinato fino a lambirlo, se il desiderio di assaporare delle pannocchie fresche arrostite, non mi avesse spinto a raccoglierne qualcuna e a scoprire quanto fossero impestate, con i chicchi neri e screpolati.

"Cos'è accaduto?" Mi ero chiesto guardandomi attorno alla ricerca delle cause di quel male oscuro. Non c'era voluto molto a capirlo. Poco distante c'era il rio: la fonte che spesso aveva permesso a mio padre di provvedere alla nostra sussistenza, con la sua abbondanza di trote e anguille e persino gamberi e arselle d'acqua dolce. Quel rio era diventato una fogna a celo aperto nella quale scaricavano tutti i paesi e le città limitrofe, per convogliare quegli scarichi fino al mare, e al posto dei pesci, a frotte potevano intravedersi i ratti che sguazzavano nell'acqua limacciosa. Poi il depauperamento è continuato e ci vorrebbero altri autori per narrare quale sfacelo sia stato ed altre sensibilità, perché credo che ognuno di noi che si reca nelle campagne possa rendersi conto autonomamente di quali discariche siano diventate. Cos'è accaduto? Possibile che siamo diventati talmente irresponsabili da cagare sul piatto in cui mangiamo? La campagna, fino a pochi anni prima era amata, rispettata, quasi adulata, anche se per trarne i suoi frutti, braccianti e contadini dovevano sottoporsi a fatiche sovrumane, ma ogni sorgente, ogni ansa, ogni sentiero erano curati in modo da renderli fruibili a tutti, a permettere anche a coloro che terra non ne possedevano, almeno la raccolta di quei prodotti che nascevano spontanei e in abbondanza. Poi, appena i contadini sono diventati operatori, quando sono saliti sulle macchine agricole, la distanza tra loro e la terra è divenuta tale che gli uni e gli altri non si riconoscevano più. Era finito l'amore, sacrificato sull'altare della produzione e del profitto che invece poi non è venuto, quasi che ritenendosi offesa, la terra, da amante si sia trasformata in matrigna. Ma a cosa è dovuto tutto questo deterioramento se non alla necessità di sfruttare le risorse più di quanto consigliasse il buon senso, se non a soddisfare la domanda di una popolazione in aumento? Oggi se si esclude la Cina, che da noi riscuote ben poco consenso, nessun'altro paese al mondo ha adottato misure per contenere l'incremento demografico, prima che diventi esponenziale. Ma, saranno pazzi? Sicuramente si saranno lasciati impressionare dalla cifra, perché un miliardo e trecento milioni di pance da sfamare sono un bel problema, anche se come incidenza demografica sono comunque molto al di sotto della nostra. Forse i pazzi sono loro, però un po' ne abbiamo paura ed in cuor nostro li ringraziamo persino per la loro decisione. Il mondo è già stracarico di cinesi, figuriamoci se avessero potuto riprodursi senza nessun limite. Forse un minimo di programmazione farebbe bene anche a noi e a tutti coloro che accettano, o che si sbracciano per incarichi di governo e non sarebbe male se prima di mettere al mondo altre vite, ci curassimo di garantirgli almeno il minimo per la sussistenza. Se non lo facciamo, allora vuol dire che i cinesi non sono poi così stupidi! Ingenui, sarebbe la parola giusta, o forse hanno altri valori e non gli va di impegnarsi in promesse che non sono in grado di mantenere, altrimenti tutto gli sarebbe più facile. Potrebbero prendere esempio da noi, dalle nostre leggi e dallo slancio con cui aderiamo puntualmente a tutte le azioni nobili, interne e internazionali, tanto cosa ci vuole a scriverle sulla carta? Per metterle in pratica c'è sempre tempo, non è che dobbiamo fare sempre i primi della classe. I diritti umani sono un valore non trattabile e mica li hanno trattati a Genova e in chissà quante altre occasioni.

Qui da noi prevalgono ancora gli stimoli all'incremento demografico e questa esortazione ci viene proposta in modo dogmatico, senza alcuna spiegazione razionale. Quante voci preoccupate si levano quotidianamente dai media, in riferimento alla mancata crescita demografica del nostro paese? Costoro, come se avessero un programma codificato al posto della ragione, agiranno sempre in virtù di un'espansione della popolazione, anche quando il mondo sarà talmente popolato da non consentire a chi lo abita, altra posizione che quella eretta. E se chi governa, per affrontare i problemi contingenti continua a ripetere all'infinito: *andate e moltiplicatevi*! Dimostrando in questo modo la più assoluta mancanza di immaginazione e di coraggio; le comunità umane potrebbero immaginarsi come una nave alla deriva, a bordo della quale un macinino magico continua a produrre sale fino ad affondarla. E intanto la parola moltiplicare è diventata di grande attualità: moltiplicare i profitti, moltiplicare la produzione, moltiplicare i bisogni, in modo tale che anche i beni superflui divengano indispensabili, non importa se poi le scorie di un consumismo così spinto ci seppelliranno, o se a un certo punto non ci sarà più nessuno in grado di permettersi nemmeno il necessario. Ma come siamo arrivati sin qui, dalla notte dei tempi fino ai giorni nostri? È stata una lotta cruenta e senza sconti, con periodi di splendore e repentini collassi di civiltà e poi di nuovo lente marce verso il progresso, verso la ricerca di condizioni di vita più accettabili ed umane. Una evoluzione nella quale le classi subalterne hanno pagato puntualmente tributi pressoché insostenibili, per permettere ai più furbi e prepotenti una condizione di privilegio.

Quello che manca attualmente, mi dicevo, è la memoria storica, la capacità di fare tesoro delle lezioni che ci hanno impartito nel passato, per non ripetere all'infinito sempre i medesimi errori. La capacità di individuare chi sotto mentite spoglie, con lusinghe di ogni genere vuole congelare la nostra condizione. Una condizione stabile unicamente per quanto riguarda il nostro ceto attuale, non certamente per il tenore di vita, che per quanto per molti di noi possa essere poco gratificante, nel prossimo futuro è destinato a un ridimensionamento tutt'altro che indolore. L'ideale sarebbe che noi acquisissimo la capacità di pensare in modo globale, tenendo presente tuttavia che la nostra capacità di incidere è limitata e che quindi dobbiamo agire nel nostro piccolo con realismo e determinazione, ma anche con una buona dose di fantasia che ci porti a immaginare un nuovo modello che dia risposte se non pienamente soddisfacenti, almeno decorose a tutti i ceti che compongono la nostra società.

Sì, una nuova utopia, proprio nel momento in cui l'unica rimasta è quella che col capitalismo si possano soddisfare i bisogni della gente. Un'utopia da individui maturi, però, che tenga conto di tutti gli elementi disponibili e che si proponga di governarli in modo razionale. Un'utopia nella quale ogni individuo è consapevole ed agisce tenendo conto di essere la cellula di un corpo e che il malfunzionamento di ogni singolo elemento può danneggiare l'intera struttura. Un'utopia, quella più audace che mai mente umana abbia osato concepire, che cancelli dalla faccia della terra tutti coloro che vogliono erigersi a padrone! Avevo quasi la sensazione, nel momento in cui si dipanavano i pensieri, come un filo che si srotola lentamente dalla matassa, di guardare come da un oblò, lo sfacelo della condizione umana in tutta l'estensione del nostro globo. Sette miliardi di persone dominate da un'esigua minoranza di privilegiati che decidono seguendo logiche imperscrutabili ai più, ma, possiamo scommetterci, utili a rafforzare il loro potere attuale e futuro; a costo di mettere a repentaglio la sopravvivenza stessa della nostra specie. Logiche di cui i più attenti riescono a individuare appena la punta dell'iceberg e che scivolano nel sottosuolo fino a compimento senza ostacoli, in conseguenza dell'intorpidimento cui le masse sono state sottoposte dai mezzi d'informazione. Queste lobby, questi centri occulti senza scrupoli di sorta, hanno arruolato nelle loro fila le classi dirigenti e politiche, i vertici degli stati, che non hanno esitato a schierarsi contro i loro amministrati pur di raccattare briciole di potere e condizioni di privilegio. Hanno propositi difficilmente individuabili, ma di certo poco promettenti riguardo alle nostre aspettative future. Potrebbe apparire controverso dunque, nel momento in cui si profila la più grande disfatta della storia per le classi lavoratrici e disagiate, immaginare un'inversione di tendenza che capovolga la situazione, ma è in nostro potere, se prenderemo coscienza della nostra forza.

Mi ero fermato. Mi era necessario per guardarmi dall'alto, quasi fossi uno schizofrenico che reprime a stento un gesto di pietà nei suoi stessi riguardi, intenerito dall'impudenza di un'immaginazione così velleitaria. Non volevo arrendermi all'evidenza storica, confermata in maniera magistrale dal comportamento delle masse negli ultimi venticinque anni, impegnate in manovre deprimenti di autolesionismo. Ci hanno fregato in tutto e per tutto: con l'omologazione, la globalizzazione e l'internazionalismo. Già era un'impresa mettere insieme le persone quando eravamo uno stato e rivendicare dei diritti di fronte a un governo nazionale, figuriamoci adesso... Ci hanno portato in Europa promettendoci miracoli e ci siamo trovati poveri e senz'armi, incapaci di coagulare un minimo di opposizione. Chissà se siamo ancora in tempo a salvarci, a riconquistare la nostra sovranità?

Mi erano tornate alla mente le parole di certe persone che incitavano all'ottimismo e non riuscivo a non considerarlo incoscienza. Mao diceva che ogni gatto deve acchiappare il topo di casa sua e adesso, allo stato dei fatti bisogna ammettere che aveva ragione. Siamo stati dei pessimi amministratori della nostra causa. Siamo stati ingannati e l'opera di mistificazione continua, col collaborazionismo dei mezzi d'informazione, che sono completamente appiattiti sulle posizioni dei centri di potere. Qualcosa viene fuori se si prova a spulciare nella rete, a farlo con perizia, perché anche questo strumento può presentare delle insidie e si presta a essere utilizzato come mezzo di orientamento delle masse.

Quello che s'intravvede è raccapricciante. Esiste una cupola che ha progettato il nostro destino e il fine ultimo è quello di smembrare i popoli, perché nella storia dell'umanità, sono sempre stati questi soggetti che hanno reagito e sconfitto le dittature. Queste associazioni segrete che agiscono nell'ombra protette dai governi, hanno un unico obiettivo, ridurre i popoli in condizione di non risollevarsi mai più da una condizione di sottomissione. In questa logica si spiega anche il fenomeno dell'immigrazione. Venticinque anni di egemonia USA sono stati sufficienti a ridurre il mondo nell'attuale condizione, con azioni volte a un neocolonialismo spinto, che ha lo scopo di rapinare le risorse di vaste aree geografiche ed espellere di conseguenza le genti che le hanno abitate fino ad ora. Ai padroni di un tempo non è sembrato vero che si presentasse una simile occasione ed hanno fomentato questo fenomeno, col quale potevano mortificare le ambizioni della classe lavoratrice. I rappresentanti dei lavoratori e i partiti della vecchia sinistra non hanno saputo interpretare ciò che stava accadendo e si sono resi omogenei ad interessi contrapposti a quelli di coloro che dovevano rappresentare. La necessità di tutelare i nuovi arrivati ha fatto passare in secondo piano la norma basilare che bilancia gli equilibri in una società capitalista, nella quale il peso dei disoccupati regola le condizioni socioeconomiche dei lavoratori. È venuta a mancare la progettualità, la spinta a disegnare un mondo nel quale è consentito a tutti di vivere in modo decoroso, ma noi non possiamo fare a meno d'immaginare una società nella quale possiamo ancora avere un ruolo attivo, adatto alle nostre esigenze, che ci consenta una vita dignitosa, con degli spazi per realizzare le nostre aspirazioni. Ci siamo affidati alla corrente lasciando che i nostri progetti andassero a incagliarsi negli argini del torrente che era diventata la nostra società, perché gli individui cui faccio riferimento, i nostri rappresentanti, si erano formati in ambito statale: pubblica amministrazione, poste, ferrovie, scuola, ed erano convinti che in definitiva la loro posizione non sarebbe stata scalfita.

Vedremmo a questo punto quale sarà il loro atteggiamento, considerato che nel futuro immediato nel mirino ci sono proprio loro. Il copione sembra già scritto e prevedibile come gli atteggiamenti umani che si perpetuano senza logica apparente, unicamente per l'induzione dettata dalle consuetudini.

Ci sono atteggiamenti che noi abbiamo acquisito in conseguenza degli usi e delle tradizioni, verso i quali non ci siamo mai soffermati a una valutazione. Quali possono essere le cause, ad esempio, che spingono molti individui, pur non avendone necessità per la sopravvivenza, a sopprimere altri esseri viventi per puro divertimento? Menti lungimiranti che considerano sacra la vita; avrebbero almeno dovuto biasimare simili atteggiamenti, invece noi sappiamo bene che lungimiranti non erano affatto e si sono proposte in stimoli esattamente opposti, incitando le genti a sacrificare vite inermi per ingraziarsi la benevolenza di certe entità. Talmente poco lungimiranti da spingerci a non preoccuparci delle nostre azioni, in conseguenza del fatto che mente divina avrebbe provveduto. Il modo di concepire i rapporti col nostro mondo è dovuto alle nozioni che ci sono state tramandate, secondo cui il nostro ambiente è un luogo nel quale possiamo affondare le mani impunemente, perché sarebbe stato creato a tale proposito. È una dura eredità che abbiamo il dovere di sovvertire, anzi, è una necessità inderogabile, introdurre il principio di responsabilità nel nostro modo di pensare. Dobbiamo fare in modo cioè, che ognuno paga o percepisce in base ai propri comportamenti. Questo è un principio che è sempre esistito in natura, però la consapevolezza di ciò è ancora molto di là da venire, per cui irresponsabili d'ogni sorta, non fanno che scaricare la loro inettitudine addosso a chi cerca di essere razionale. Questo stato di cose, pur con gli scompensi, è stato possibile bilanciarlo fino a quando la popolazione del nostro pianeta era contenuta, oggi non è più possibile e le conseguenze stanno diventando evidenti ogni giorno di più, con flussi migratori indotti dalle attività delle multinazionali che depredano i paesi più disponibili e quando è necessario rovesciano le amministrazioni che si oppongono alle loro attività, manipolando l'informazione e scagliando migliaia di tonnellate di bombe intelligenti e democratiche.

Avevo accelerato i passi, quasi che volessi raggiungere una meta prima che si compisse l'irreparabile. Altro che autodeterminazione dei popoli, stiamo assistendo alle logiche consuete che hanno contraddistinto la storia del genere umano. Le masse, inconsapevoli più che mai, come dei greggi in cammino per la transumanza non riescono a incidere minimamente al riguardo del proprio destino. Con nobili propositi, ci hanno disarmato: quello della solidarietà; caricata completamente sulle spalle delle classi più deboli, e noi per non essere accusati di razzismo e di cattiveria siamo diventati più poveri e più miserabili di cinquant'anni fa: tempi carichi di miseria ma anche di grandi speranze, che adesso sono venute a mancare. Noi più poveri e disperati, loro, i padroni, hanno colto l'occasione per arricchirsi più di quanto non erano mai stati, infischiandosene finalmente di qualsiasi tutela nei confronti dei nuovi schiavi. In queste condizioni diventa facile, quando non ci sono antagonisti che si riconoscano in una condizione sociale definita, servirgli qualsiasi fandonia. Noi dal canto nostro siamo pronti a bere tutto quello che ci danno da bere. L'ultima crisi, una delle crisi ricorrenti in cui s'imbatte ciclicamente il sistema economico vigente, che implode alla resa dei conti della sua incongruenza, è un esempio di come tutte le istituzioni nazionali e internazionali cui si da tanto credito, basino i loro parametri su criteri puramente teorici, pronti ad essere smentiti. Un solo fatto non può essere smentito, che anche in questa circostanza chi ha pagato lo scotto maggiore sono i più piccoli e meno tutelati. Questa crisi, comunque, è servita a far emergere e rendere visibili coloro che muovono le fila e i loro tirapiedi, rendendo evidenti le prospettive poco esaltanti che si profilano all'orizzonte. Tutte le conquiste ottenute con su-

dore e sangue dal risorgimento in poi stanno per essere cancellate e i popoli sottomessi e resi inoffensivi. Ma, com'è possibile che ciò possa accadere? Siamo noi, le masse sconfinate ed inermi che glie-lo permettiamo, con la nostra incapacità di prendere coscienza del nostro ruolo e della nostra forza; di darci delle regole che ci tuteli-no nel presente e che creino le basi per una programmazione futu-ra. Non è una novità, è così dagli albori. Le masse non imparano mai, quasi che siano educate a restare nell'ignoranza, a riversare le loro energie in valori che le distraggono dai loro interessi. Que-sto elemento lo avevo captato vagamente all'età di ventidue anni, al ritorno dal continente, così come definivamo allora lo stivale noi isolani. Ne ero rimasto talmente colpito... Mentre in tutto il resto del nostro paese e in gran parte del mondo si celebrava la festa dei lavoratori, da noi il primo maggio si portava a spasso l'effige di Sant'Efisio. "Non c'è speranza," mi ero detto. "Qui ci tengono an-cora assoggettati a valori che vanno contro i nostri interessi, quando mai ci sarà un'emancipazione della classe operaia?"
Ero ormai arrivato nei pressi di casa mia, o perlomeno nella casa in cui abitavo. Avevo quasi la sensazione che le mie considerazioni, anche se necessarie per una presa d'atto, fossero macchiate in qualche modo da una massiccia dose di fatalismo, anche questo frutto della consapevolezza della situazione. Noi siamo prigionieri delle parole ed in conseguenza di ciò ci illudiamo che la realtà si possa costruire con esse. Ci hanno crocifisso facendoci credere che da noi occidentali viga la democrazia, solo per il fatto che periodi-camente si tengono elezioni. È questa l'unica testimonianza di par-tecipazione che ci è permessa, ma quando qualcosa si concede, pur se la concessione in essere sia essa un privilegio, allora vuol di-re che c'è un potere al di sopra ed in quel momento svanisce la democrazia, perché il presupposto della democrazia è che il popo-lo sia sovrano e che chi sta al comando lo fa in funzione del suo mandato ed in sua rappresentanza. Io non so, se in qualche parte

del mondo esista un popolo emancipato che ha saputo disancorarsi dal ruolo di suddito, sarei portato a credere che non esista, comunque un popolo simile avrebbe la capacità di imporre un mandato preciso ai suoi rappresentanti e si garantirebbe anche gli strumenti per controllare, qualora il mandato non venisse attuato in pieno o che si esuberasse da esso. Un popolo del genere avrebbe le idee chiare per quanto riguarda il modello di società che vuole costruire e gli strumenti che gli sono necessari, avendo ben presenti le risorse disponibili nel tempo e di conseguenza il numero massimo di persone alle quali quelle risorse sarebbero sufficienti, senza affidare la propria sorte alla divina provvidenza. Ancora oggi, per quanto ci guardiamo attorno, i popoli non sono altro che delle masse informi che vengono orientate in maniera emotiva da chi gestisce l'informazione. In questa condizione di sudditanza, le prospettive di emancipazione del genere umano sono nelle mani di chi ha il potere, quindi non ci sono prospettive. Quando qualcuno di noi riesce a prendere coscienza in modo autonomo, può solo prendere atto della sua condizione senza poterla modificare, a meno ché non s'illuda e nutra la speranza in cuor suo, che divulgando la sua presa d'atto possa aprire gli occhi ad altri suoi simili, o rintracciare chi come lui si è reso conto della propria condizione, per farne una comunità.

Uno sguardo al passato

Ero rientrato in casa. Un luogo a cui col tempo mi ero affezionato e nel quale avevo edificato un rifugio da cui partivo per le mie incursioni in mezzo agli umani, cercando di non essere scorto, perché in questo modo si osserva meglio e si attenuano le ostilità. È strano, non ho nemici di sorta, tranne che per quelli che potrei farmi con i miei pensieri; la quasi totalità delle persone. Avevo consumato la pizza che era stata la ragione per cui mi ero allontanato da quelle mura e dopo aver provveduto ai miei bisogni mi ero steso sul mio lettino da scapolo. Di fronte a me c'era la tapparella abbassata, unico miserabile diaframma che si interponeva tra me e la strada adiacente, al di là della striscia del cortiletto. La camera era illuminata dalla luce del lampione che filtrava attraverso i fori. Ciò era dovuto al fatto che l'avvolgibile non si chiudeva del tutto, infatti, in una certa occasione avevo dovuto togliere un elemento, perché in seguito all'usura si era sganciato dalla cinghia che lo sorreggeva, rivelandosi a quel punto inservibile. Era tardi: le ventuno e trenta. In quella stagione, spesso mi mettevo a letto anche prima, ma a volte mi attardavo per ore a sbatacchiare la tastiera, lasciando testimonianze evidenti dei miei crimini: l'impudenza di pensare e i pensieri anche quella notte non mi abbandonavano, rendendo vano il mio tentativo tra le coltri. Era ormai un anno e mezzo che non trovavo lavoro e quando In una società com'è strutturata la nostra si hanno cinquantanove anni sulla groppa, bisogna essere dei sognatori per sperare che si capovolgano le sorti.

Ero consapevole che i miei problemi potevano essere risolti solo in seguito a una riappropriazione dei diritti del mio ceto, quindi non vedevo spiragli, le mortificazioni continue avevano vuotato di qualsiasi velleità tutte le categorie. Tutti, spinti loro malgrado in una competizione senza regole voluta dai vertici europei, nonostante nessuno l'avesse votata. Tutti cercavano di districarsi nel groviglio delle proprie attività, alle quali dovevano dedicare un numero di ore sempre più ingente per ricavare un reddito appena sufficiente, sacrificando la qualità della vita in favore di una nevrosi sempre più spinta. Sembravano tutti mossi da fili e anche se questi non erano palpabili, esistevano comunque, perché istintivamente ognuno percepiva che le regole erano cambiate, si erano imbarbarite e i governi, nel tempo erano diventati nemici del popolo. Avrei potuto impiegare ancora delle ore, ma che dico, forse giorni, o mesi, a rimuginare sulla tragedia che ci stava travolgendo, dei contorni che si componevano rendendo evidente, man mano che il tempo passava, una dittatura che si stava concretizzando a livello europeo, ma la causa, qual era, di ciò che stava avvenendo? Le cause avevano origini antiche, le stavo inseguendo da una vita e col tempo, per gradi, le avevo scandagliate fino a intuirne le origini.

Ero ancora ragazzo, quando fui folgorato dai primi dubbi. Sono stato precoce e ho incominciato a percepire le contraddizioni della società in cui vivevo fin dall'adolescenza, ma all'età di vent'anni mi capitò di fare una considerazione per molti versi sconvolgente: tutte le conoscenze di cui disponevo mi erano state fornite belle e pronte ed io le avevo accettate in toto, senza che avessi la capacità, né i mezzi per poterle valutare. Non era tutto, c'era di peggio: era che la stragrande maggioranza degli individui con cui avevo a che fare per ragioni di lavoro, o per tutte le altre attività quotidiane, erano nella mia medesima situazione e per farsi un'opinione su tutti gli argomenti della vita politica e sociale, avevano bisogno della versione dei mezzi di comunicazione della classe di potere. Fu una scoperta angosciante, ma anche l'inizio di una presa di coscienza, di un cammino che nel corso degli anni mi ha dato la possibilità di valutare i fatti dei quali ero testimone In modo più consapevole, anche se frammentario.

Già allora mi ero reso conto che la mia situazione e quella della totalità dei miei interlocutori non era dovuta a una carenza intellettiva, infatti, i miei colleghi di lavoro e tutte le altre persone che svolgevano le attività più svariate, nel loro campo avevano ottime capacità, quindi, se la nostra inadeguatezza non era dovuta a problemi di apprendimento, bisognava individuarne la causa. Per quale motivo, individui con buone capacità intellettive non erano in grado di avere opinioni proprie, né valutare il mondo di cui erano parte integrante? Il mio superiore diretto, un giorno che discutevo di questi argomenti con i miei colleghi durante una pausa di lavoro, cercò di sedare ogni mia velleità: "Ma cosa vuoi capire tu? Se ognuno svolge il proprio ruolo nella società ci sarà benessere per tutti! Lascia pensare le persone preposte e fai girare la macchina che ci guadagni in salute e in soldoni!"
Ma io non ci stavo ad essere un elemento completamente inerme che non interagisce col mondo che lo circonda. Io volevo capire! Volevo delle risposte alle domande che mi frullavano nella testa sempre più impellenti, anche perché mi ero reso conto che non eravamo solo noi a essere inadeguati. E sì, perché nel frattempo avevo potuto constatare che anche chi aveva compiti di governo, "tranne che in rarissime eccezioni" non aveva un progetto organico e ancora meno idee appropriate che gli consentissero di governare al meglio gli interessi collettivi; che le loro decisioni erano spinte da un lato da ragioni pratiche, dall'altro dalla necessità di rispondere a esigenze di carattere trascendentale che vanificavano quelle precedenti. Non era tutto. Dai dibattiti televisivi e dalle mie letture, avevo potuto constatare che questa carenza ammorbava pure gran parte degli intellettuali, che non sapevano estraniarsi dai concetti che gli aveva imposto la cultura dominante, rendendo i loro ragionamenti macchinosi e incoerenti. A quel punto mi ren-

devo conto del dramma che rappresentava questo handicap, per la nostra società. Se già non è difficile intuire la valenza del problema se rapportato al ragionamento e alla filosofia, che portata ha in merito alla tecnica e alla ricerca? Che valore possono avere certi studi, se chi si applica non riesce a spogliarsi del tutto dai propri pregiudizi e dagli schemi mentali? La necessità di essere coerenti con le proprie convinzioni, non falserà in maniera determinante l'esito della ricerca? Non si tralasceranno delle opportunità scomode a vantaggio di altre più consone al modello culturale accettato?

Il fatto rilevante era che anche menti brillanti, critiche per la quasi totalità delle attività umane, non erano scosse minimamente da affermazioni prive di ogni logica, quando si trattava di argomenti di carattere religioso. All'analisi critica di tale argomento si opponeva una vera e propria barriera che non era possibile scalfire, nonostante le contraddizioni evidenti e peggio ancora, mi esponeva alla disapprovazione dei più, quando io stesso mi proponevo in argomentazioni critiche in tal senso. Non era possibile mettere in discussione nemmeno il modo in cui venivano posti questi dogmi, quasi fosse stato creato un blocco verso il quale non si poteva indirizzare uno sguardo razionale; si doveva solo prenderne atto. La conseguenza di queste deduzioni, considerata pure la mia giovane età, era stata una specie di trauma che aveva fatto vacillare la fiducia incondizionata che fino a quel momento avevo riposto nelle capacità dell'ingegno umano e nel suo estro. Questa condizione di sfiducia era divenuta la mia compagna, tuttavia non riuscivo ad arrendermi all'idea che l'essere umano avesse il destino segnato dalla sua inettitudine e la ricerca di soluzioni gratificanti per la logica e per la ragione, divenne il mio obiettivo principale. Un giorno, mentre rientravo dal lavoro attaccato alla maniglia del tram, onde attutirne gli scossoni, mi ricordai di quella volta che mia madre, rispondendo a una mia richiesta di delucidazioni riguardo a un albero del nostro cortile infestato dagli afidi, mi disse che le coccinelle ne erano la causa. Secondo lei erano loro a trasportarli sugli alberi per suggerne poi la linfa. Tempo dopo mi ero reso conto che quella risposta era il frutto di una osservazione sbagliata. Me ne accorsi osservando le formiche, col ventre gonfio, quasi trasparente, a causa della linfa che avevano ingurgitato. Lei aveva scambiato l'intimo rapporto tra gli afidi e le coccinelle, dettato unicamente dal bisogno di queste ultime di farne delle prede e si era convinta che fossero loro a condurli sulle foglie; facilitate dalla loro capacità di volare; trascurando del tutto le formiche che a suo avviso non potevano spingersi fin sulle foglie più alte. Nel dubbio avevo fasciato col cartone la base del tronco dell'albero preso di mira dagli insetti e ci avevo spalmato poi della colla per i topi, impedendo in questo modo alle formiche di risalirlo; però gli afidi continuavano a infestare l'albero, provocando l'ilarità di mia madre che vedeva confermate le sue affermazioni. Nel momento avevo incassato il colpo, ma non mi ero arreso. Mi ero applicato a osservare le formiche in maniera più scrupolosa, e mi ero reso conto che avevano aggirato l'ostacolo risalendo l'albero dal filo per stendere i panni, vanificando quindi il mio esperimento. Solo nel momento in cui ero riuscito a impedire tutti gli accessi alle formiche, in breve tempo l'albero fu libero dagli afidi, o comunque il loro numero era tale da non impedire la sua crescita rigogliosa. Ecco come dovevo agire, vagliando tutte le conoscenze di cui disponevo in modo analogo. Se ce ne fosse stata la necessità, avrei dovuto verificare persino la somma elementare di due più due, per stabilire se corrisponde veramente a quattro. Dovevo soffermarmi ogni volta che mi trovavo testimone di affermazioni vane e sviscerarle, in modo tale da ridurle alla concretezza, mondandole dalla fronda di affermazioni inconsistenti che servivano a sostenerle. Riflettevo, ma per quanto potessi impegnarmi, era una marcia solitaria. I miei coetanei ed amici, anche i più audaci, preferivano adattarsi alle consuetudini per non essere emarginati e per me il confronto era indispensabile. Riuscivo a condurli sul mio terreno solo quando li solleticavo nell'orgoglio, sostenendo che il frutto del nostro benessere doveva attribuirsi per forza di cose al nostro ingegno, e che anche gli strumenti più elementari, prima di essere costruiti dovevano essere immaginati e progettati, quindi era la nostra razionalità, la causa della nostra evoluzione. Tutto filava fino a quando il ragionamento non si spingeva alle estreme conseguenze cozzando con i dogmi imposti; a quel punto le affermazioni dei miei interlocutori divenivano aspre ed ostili e la loro fede cieca riusciva a far vacillare persino le mie convinzioni. Dovevo escogitare un modo più produttivo per confrontarmi con gli altri, ed elementi più concreti, che non fossero quelli attraverso cui mi tenevano inchiodato alla mia condizione, per fugare definitivamente anche i miei dubbi. Un giorno, discutendo con alcuni colleghi sulla nostra situazione e sulle tecniche adottate dall'azienda per frastagliare l'unità al nostro interno, riguardo a certe rivendicazioni che avevamo posto in atto, un sospetto aveva preso a insinuarsi nei miei pensieri: che le nostre carenze intellettive non fossero casuali. Come a far concretizzare i miei pensieri, qualche tempo dopo, mentre me ne andavo in giro per i fatti miei riflettendo su questi argomenti che ormai mi accompagnavano assiduamente, mi trovai impantanato in un ingorgo causato da una manifestazione religiosa che aveva invaso la strada, rendendo il passaggio impossibile ad automezzi e viandanti. Il prete, incurante delle esigenze altrui faceva la sua omelia con l'ausilio di altoparlanti, in modo che le sue parole raggiungessero anche coloro che non partecipavano alla processione. Alla fine della predica, il religioso aveva concluso: "Andate cari fratelli e sorelle, sono sicuro che stanotte la madonna veglierà su di voi!"

Quando finalmente il drappello di persone al seguito del prete si fu allontanato, ripresi per la mia strada, piuttosto seccato per il contrattempo, però, a dispetto del disagio mi ero reso conto che anche quella vicenda si poteva inglobare nelle mie considerazioni. Mi sarebbe piaciuto verificare tutte le disgrazie e le sofferenze di quella notte e renderle di pubblico dominio, per constatare in che modo la madonna aveva vegliato sui propri devoti. Avevo assistito all'ennesima dimostrazione che rimarcava come certe istituzioni lancino le loro parole al vento incuranti della consistenza delle loro affermazioni, che possano avere, o che abbiano mai avuto un riscontro. O forse... Ma certo che c'è una logica nel loro modo di fare. Certo. Quando mai qualcuno di noi si è preso la briga di contestare il loro operato e le loro parole? Siamo talmente assuefatti a queste consuetudini da assorbirle come litanie, tanto che non prendiamo nemmeno in considerazione l'ipotesi che si possano verificare davvero, che non ci siamo mai degnati di stilare statistiche di alcun genere, in modo da stabilire in che percentuale le loro affermazioni vengono seguite dai fatti e loro lo sanno, per cui giocano d'anticipo, nell'evenienza che dovesse verificarsi una coincidenza. In quella circostanza potete star certi che grideranno al miracolo e si guarderanno bene dal citare tutte le occasioni in cui hanno usato la lingua solo per soffiare aria. Oggi sappiamo che dopo le fasi consuete, nelle quali all'incubazione della malattia succede la vera e propria purulenza che miete innumerevoli vite, alla fine, i più forti, quelli che avranno sviluppato gli anticorpi, supereranno indenni anche quella tremenda epidemia che è la peste. Loro giocano d'anticipo, nel frattempo s'invocano ai loro santi e uno di questi alla fine avrà tutti i meriti. Grideranno al miracolo, nonostante sia ormai risaputo che il percorso dell'epidemia è identico in qualunque parte del globo, a prescindere dalle invocazioni e dalla fede che gli individui possano nutrire. Quindi, se le nostre conoscenze sono punteggiate da simili certezze, è logico che i nostri ragionamenti siano carenti, è inevitabile che la nostra capacità di giudizio venga distorta, come quando uno studente acquisisce nozioni sbagliate di matematica che si ripercuotono sull'esito dei problemi futuri. Comunque, per quanto continuassi a documentare le contraddizioni di cui ero testimone giorno dopo giorno, mi rendevo conto che non facevo sostanziali passi in avanti. "E se provassi ad andare a ritroso nel tempo?" Mi ero chiesto un giorno. "Forse scandagliando il passato è possibile trovare le cause della mia inadeguatezza e raffrontarla con quelle dei miei conoscenti ed amici? Forse è il modo per verificare se i nostri problemi derivano da cause comuni?" Così ho fatto, andando a scavare nella mia adolescenza.

Sono nato nel 1950, e le condizioni economiche della mia famiglia erano tra le più disagiate del paese, che non emergeva certo per la sua prosperità. Mio padre faceva il bracciante, quindi la sua attività come dipendente era legata alle esigenze di carattere stagionale delle aziende agricole della zona e la retribuzione non era quasi mai in denaro, semmai negli stessi prodotti della terra. La retribuzione era misera, considerato che i datori di lavoro erano essi stessi dei miserabili legati in unico giogo alle loro misere proprietà, alle poche bestie che possedevano e che ricoveravano nei loro cortili al calar della sera, affinché potessero difenderle da eventuali malintenzionati.

A quei tempi tutto veniva riciclato e anche una semplice latta di conserva veniva contesa come un oggetto prezioso. Eravamo ancora in pieno medio evo: non avevamo l'acqua potabile, si cucinava ancora col fuoco. Il bagno era ricavato da una porzione del cortile recintata con le frasche, eppure ricordo quei tempi come un periodo felice della mia vita, ma, è stato provato che l'essere umano può legarsi anche al proprio carnefice. Allora non era tempo d'incertezze, esse sono un privilegio di chi può avere delle opzioni, invece la nostra strada era segnata. I metodi educativi non erano molto sofisticati, in compenso si imparava subito: non era consentito mettere in dubbio, né trasgredire agli ordini o alla volontà dei propri genitori, né degli adulti, anche se erano degli estranei. Quando ci chiamavano, con l'evidente intento di farci una richiesta, dovevamo rispondere: «**Comandi**!»

Ci rivolgevamo a loro dandogli del Voi, ma non ne percepivamo il peso; eravamo condizionati a tal punto che anche quando capitava di andare nell'unico locale pubblico che possedeva la televisione, ci commuovevamo fino alle lacrime, se trasmettevano film come "Senza famiglia" ed affini. In definitiva vivevamo situazioni ben peggiori di quei protagonisti; nonostante tutto, quando venivano puniti, o picchiati, ne eravamo toccati profondamente. Le botte che ricevevamo noi ci facevano meno male e nonostante le nostre poco invidiabili condizioni ci sentivamo più amati. Eravamo veramente poveri, comunque, per quanto scarso potesse essere il cibo che i nostri genitori potevano rendere disponibile, si consumava tutti insieme a tavola. Quello era forse l'unico momento di dialogo nell'arco della giornata, nella quale tutti erano impegnati a reperire in qualche modo il necessario per soddisfare almeno il bisogno primario, ma a noi piccoli non era consentito intervenire, *perché non capivamo*, o perché non potevamo ledere l'autorità degli adulti.

"Se tontu, non cumprendisi," era la qualità che ci veniva attribuita più volentieri e con questa convinzione siamo cresciuti, fino a quando non ci siamo potuti misurare con la mediocrità generale. Detto questo, non vorrei che si pensasse che la mia fosse una famiglia di aguzzini, quello era il *modus operandi*, le punizioni corporali erano consentite anche a scuola.

Il paese e la campagna non erano due elementi ben delimitati, allora l'uno si compenetrava nell'altra in modo disarmonico e le strade erano più che altro dei viottoli, anche quelle che conducevano ai paesi vicini, che sono state asfaltate solo parecchi anni dopo. Quelle interne al paese non erano certo migliori. Erano sterrate e d'inverno, "allora pioveva ancora tanto, per mesi interi," bisognava camminare tra le buche colme d'acqua e gli escrementi degli animali che facevano i loro bisogni quando alla sera rientravano in paese per essere ricoverati nei cortili dei proprietari. Al posto dei marciapiedi c'erano le cunette che periodicamente il comune, *"quando riusciva a reperire i fondi necessari,"* faceva ripulire da ogni sorta d'erbacce, dove s'annidavano insetti, topi, rane ed ogni specie di animale di piccola taglia.

Ma chi erano le autorità, a quei tempi, al di fuori della famiglia? Il sindaco contava poco. Il comune non aveva risorse per fare opere pubbliche, né per aiutare economicamente le famiglie che ne avevano bisogno, quindi si limitava a fare promesse che puntualmente erano disattese. L'unico personaggio che avesse veramente potere a quei tempi era il prete, basti pensare che le derrate alimentari del piano Marshall, quelle che gli americani inviavano come aiuto ai più poveri, non venivano affidate al comune ma al prete e lui sapeva gestire bene questa sua prerogativa, premiando, o castigando a suo piacimento coloro che si assoggettavano o meno al suo potere. Lui dava le indicazioni di voto alle elezioni, tenendo in pugno in questo modo gli elettori e gli eletti. La sagrestia è stata per lungo tempo il vero ufficio di collocamento al lavoro, quello che funzionava di più *e purtroppo non è improbabile che lo sia ancora oggi.* Ricordo che una domenica mattina, nell'intervallo tra una messa e l'altra, io e i ragazzi delle elementari eravamo riuniti in chiesa per il catechismo, ad un certo punto entrò mio fratello, più piccolo di me di tre anni. Adesso non ricordo se fosse entrato in chiesa ridendo, sta di fatto che il suo ingresso al prete non piacque, ragion per cui lo chiamò a se, lo prese per le orecchie e lo sollevò da terra per un metro buono.

Nessuno osò intervenire, nemmeno tra gli adulti, io e mio fratello, comunque, ne restammo traumatizzati. Il prete aveva quasi il dono dell'ubiquità, era sempre presente: all'asilo, a scuola e in tutte le manifestazioni pubbliche e private, che si trattasse di funerali o di matrimoni. Controllava con sguardo vigile il suo gregge, attento che nessuno si allontanasse dalla strada che lui aveva segnato, e se qualcuno non rigava nella retta via, dal suo pulpito tuonava, promettendo castighi per noi che eravamo malvagi, anche se la nostra unica colpa era la miseria. Anche i rapporti tra i ragazzi non erano improntati certo sulla diplomazia, il più forte aveva ragione e non voleva mai essere contraddetto, anche se era un somaro, quindi quando ci recavamo a scuola dovevamo stare attenti a passare inosservati, o a non infastidirlo e ad essere accondiscendenti se la nostra tattica non funzionava. Bisogna riconoscere, comunque, che nonostante la durezza, l'asprezza dei rapporti interpersonali di quei tempi, per quanto possibile c'era un'ampia solidarietà tra le famiglie del vicinato, perfettamente a conoscenza delle vicende, le une delle altre e si prodigavano per aiutarsi nei momenti di difficoltà. A pensarci bene, la durezza di quei tempi non era vana, serviva a temprarci, a renderci idonei per quel tipo di società, anche perché allora non era pensabile un cambiamento così radicale come quello che viviamo oggi.

Ricordo il periodo della scuola con un certo torpore, quell'apatia che ci accompagnava durante le lezioni che non riuscivano a stimolare in noi un minimo d'interesse, ma non poteva essere altrimenti. Come potevamo pretendere di avere capacità di apprendimento nelle condizioni in cui vivevamo? Il mio letto, così come quello dei miei fratelli, era formato da una serie di spezzoni di tessuto cuciti tra loro e riempiti con le foglie del granoturco nel momento in cui era più arido, in modo tale che non formasse delle muffe. Dividevo quel letto con mio fratello, con i piedi rivolti uno verso l'altro. A ogni nostro movimento le foglie del granoturco emettevano ogni sorta di scricchiolio, ma ci eravamo abituati e per noi quella era la normalità. La colazione consisteva in un tazzone di surrogato di caffè e una fetta di pane abbrustolito e quello doveva bastarci fino al rientro a casa. Nella mia infanzia non ho mai indossato abiti di prima mano, erano sempre abiti dismessi da persone più facoltose o dai miei fratelli più grandi. Ricordo che allora gli inverni erano rigidissimi, forse perché ci recavamo a scuola con pantaloncini corti e con scarpe logore e poi, nel tragitto ci mettevamo a giocare con i lastroni di ghiaccio che si formavano nelle pozzanghere, persistenti per tutto il periodo invernale. Entravamo in aula infreddoliti ed in quelle condizioni dovevamo seguire le lezioni, impartite da maestre che non avevano il minimo entusiasmo e che dovevano fare autentiche acrobazie per raggiungere la scuola dalle loro abitazioni, che erano sempre fuori sede. Allora non c'era riscaldamento, l'unica fonte di calore erano le stufette elettriche che gli insegnati si portavano da casa e che orientavano nella direzione della loro cattedra. In paese non c'era nessuno che avesse un titolo di studio, l'unico era il prete e per questa sua qualità era sempre presente anche a scuola. Batti e ribatti, all'età di dieci anni diventai chierichetto e questo mi venne concesso come un grande privilegio. Io ero completamente plagiato e non mi lasciavo sfuggire neanche un'occasione per imbandire un altare e celebrare messa per conto mio, una volta rientrato a casa, supportato suo malgrado da mio fratello più piccolo. Un giorno il prete, che amava in particolar modo intrattenersi con le belle ragazze del paese approfittando della sua autorità, venne trasferito e al posto suo ne fu inviato un altro con dotti messianiche tutte sue. Ci consegnò un tesserino che andava obliterato ogni volta che eravamo presenti a una funzione religiosa e alla fine del mese, a tutti coloro che erano stati sempre presenti veniva elargito un panino imbottito. Inutile dire che inizialmente questa trovata ebbe un grande successo. Noi non sapevamo nemmeno dell'esistenza del companatico e lo consideravamo una vera e propria leccornia. Il nuovo venuto aveva un modo tutto suo di evangelizzare i ragazzi: andava a cercarli per strada e quando gli venivano a tiro i più ritrosi, li acchiappava per un'orecchia e li portava in chiesa con la forza. Lui amava tenere il portone della chiesa completamente spalancato, perché tutto il paese doveva assistere alle sue omelie e ai suoi riti. Una mattina, alcuni dei pochissimi discoli e refrattari che non volevano sottomettersi alle sue direttive, parlavano ad alta voce nella piazza antistante la chiesa mentre lui celebrava le sue funzioni, ad un certo punto lo vedemmo correre verso l'uscita con tutti i paramenti indosso all'inseguimento di quei ragazzi, fin fuori dal paese, nelle campagne circostanti. Terminato l'inseguimento lo vedemmo rientrare: ne aveva acchiappato uno e lo trascinava per un'orecchia verso la chiesa. Dopo la sbornia iniziale nella quale ero pervaso da un autentico fervore, la frequentazione della chiesa mi stava venendo in odio, ma a quel punto mia madre, che in un primo momento aveva osteggiato il mio desiderio di fare il chierichetto, non voleva consentirmi di ricredermi e dovetti scontrarmi con lei per un lungo periodo. Mi dicevo: se dio sa tutto di noi, se conosce i nostri sentimenti, che bisogno abbiamo di intermediari? A che serve ripetere quelle noiose litanie all'infinito? L'onnipotente ne sarà disgustato fino alla nausea...

Allora non potevo capire ma poi ho capito, ho capito fin troppo bene. Ci stavano praticando un lavaggio del cervello! Le litanie, la ripetizione continua di quei riti serviva a fugare i nostri dubbi, a convincere il nostro io più profondo che eravamo nel giusto, a dispetto dell'evidenza. Dovevamo pregare quando *i cattivi pensieri, che erano la nostra ragione, o i nostri impulsi,* ci inducevano in tentazione; quando cioè, i nostri istinti reclamavano i loro diritti. Finita la scuola media, per intercessione del prete fui ammesso in un istituto professionale amministrato da religiosi. L'istituto era ubicato a più di duecento chilometri dal mio paese ed io vissi quell'avvenimento in maniera quasi del tutto inconsapevole. Ci andai con le mie poche cose, un cambio d'abiti che mi consentisse di non restare nudo nel momento in cui consegnavo quelli sporchi alla lavanderia, ma erano già logori e ben presto non avevo di che vestirmi. Un giorno i miei m'inviarono un pacco con degli alimenti che aveva preparato mia madre e in una busta c'era pure una maglietta nuova. Ne ero felice, prima di tutto perché finalmente avevo un indumento acquistato appositamente per me e poi perché ne avevo veramente bisogno. Indossai quella maglietta per una settimana e me ne andavo tutto fiero di essa quando vidi avvicinarsi un mio compaesano, che come me, anche lui stava frequentando quel corso. "Guarda!" - Mi aveva detto mostrandomi una lettera che aveva in mano. "Mi ha scritto mia madre, dice che nel pacco che ti hanno mandato c'era una maglietta per me, voleva sapere se me l'hai consegnata." In quel momento mi ero reso conto che di quei seicentocinquanta ragazzi che frequentavano l'istituto, io ero il più povero.

Il direttore della scuola era un prete piuttosto intraprendente e in considerazione del suo ruolo, per i suoi spostamenti aveva acquistato l'auto più prestigiosa che costruiva la FIAT a quei tempi. Quelli dell'istituto erano preti diversi dal parroco del paese: più moderni, con conoscenze e frequentazioni altolocate che ricevevano in pompa magna nella zona a loro riservata.

Le condizioni di vita nell'istituto non erano certo le migliori, soprattutto per la qualità e la quantità del cibo. A pranzo ci veniva servito un piatto di pasta; raramente, per le festività anche il secondo. A cena una minestrina, tre fette di salame e un panino. Pasti miseri anche per una persona della terza età, figuriamoci per noi ragazzi che eravamo nel periodo della crescita ed eravamo perennemente affamati. Una sera, dopo che eravamo a letto da alcune ore, mi alzai per andare in bagno e vidi alcuni ragazzi completamente vestiti che con fare furtivo scendevano ai piani sottostanti. Chiesi cosa stessero facendo: "Andiamo nella mensa dei superiori," mi dissero.

"Troviamo sempre tanti avanzi: carne, pesce, frutta, dolci. Dai vieni anche tu, tanto ce né in abbondanza!"

C'era chi si arrangiava in un modo e chi in un altro. Un mio compaesano, per esempio, faceva da chierichetto nelle immancabili
funzioni religiose cui eravamo tenuti ad assistere, "infatti l'ipotesi
che qualcuno di noi potesse esimersi da tale dovere non rientrava
nemmeno tra le possibili supposizioni; non era nemmeno immaginabile". Per quanto riguarda il mio compaesano, mi aveva rivelato
che a scuola, da quando si era reso disponibile per assistere a
messa, il suo profitto era valutato con un occhio di riguardo, inoltre gli venivano concessi una serie di privilegi, uno dei quali era
quello di accompagnare i preti nei loro spostamenti ricreativi.
Amavano andare a caccia e qualche volta lo avevano portato con
loro. A suo dire la comitiva era composta da personaggi importan-
ti: da politici, imprenditori e dai nostri superiori, come amavano
farsi chiamare in generale, o Padre, quando ci rivolgevamo ad uno
in particolare. Questo mio compaesano mi aveva raccontato che
quando andavano a caccia, se capitava una giornata sfortunata in
cui non riuscivano a sparare un colpo, una volta che si erano stan-
cati di girovagare alla ricerca di selvaggina, allora entravano in un
boschetto e sparavano contro gli alberi, spezzando in due quelli
più esili.
Finito il biennio, un giorno mi fu recapitata una lettera che mi era
stata inviata da un gruppo di ex allievi del mio corso. Si erano coa-
lizzati per ottenere presunti diritti che ci erano stati negati. Asserivano che oltre al convitto avevamo diritto anche a una retribuzione giornaliera di settecento lire che non avevamo mai percepito e
mi invitavano a inviare la mia adesione per la causa. Alcuni anni
dopo mi arrivò una lettera del tribunale con la quale mi informa-
vano che la causa contro il direttore, per l'appropriazione indebita
del nostro compenso, era caduta in prescrizione.
Inutile dire che finito il corso non era stato possibile trovare lavoro
nella mia terra. Era una piaga cui eravamo abituati, ma io non volevo morire d'inedia. Ero sicuro di avere le qualità e la volontà per

sollevarmi di qualche gradino dalla condizione in cui avevano vissuto i miei genitori. Volevo migliorare la mia situazione e non essere costretto a sottomettermi ai ricatti che erano in uso per trovare uno sbocco occupativo. In effetti mi ero recato da un signore che in paese aveva fama di sapersi districare negli ambienti giusti e lui mi consigliò, se volevo avere accesso a una via preferenziale, di farmi la tessera del movimento sociale, diversamente c'era una sola alternativa, inchinarmi alla benevolenza del prete ed assecondare le sue direttive. Pur nella mia inconsapevolezza, istintivamente, non volevo piegare la schiena di fronte al responsabile principale della nostra condizione, per questa ragione decisi di emulare le gesta di due miei fratelli che lavoravano in una città del nord, però non avevo neanche una lira e i miei genitori non potevano aiutarmi. Ne parlai con un altro mio fratello più grande che aveva una sua famiglia ed anche un impiego decente. Con mezzi di fortuna mi recai nella cittadina dove abitava e gli esposi le mie intenzioni, al ché, preso atto della mia determinazione decise di aiutarmi mettendomi a disposizione la somma che gli era possibile: ventimila lire. Solo l'incoscienza di allora mi aveva consentito di intraprendere una simile impresa con quella somma, considerato che non avevo neppure mutande e che con una quota di quell'importo avrei dovuto acquistare degli indumenti, pagare il viaggio! Era settembre, non avevo ancora compiuto diciotto anni e d'improvviso mi trovai sbalzato da un paese arcaico quale era il mio, in una città di un milione di abitanti, comunque ne ero affascinato e non avevo il minimo tentennamento riguardo all'obiettivo da raggiungere: stabilirmi in quel luogo. Cercai una pensione. La proprietaria era una donnona che affittava un appartamento adiacente al suo e pretendeva diciottomila lire per un posto letto, per fortuna si dimostrò comprensiva, accontentandosi di un acconto di seimila lire. Mi disse, genuflettendosi di fronte alla statua della madonna de Guadalupe che teneva ben visibile vicino all'ingresso, di ripassare nel pomeriggio, che per un ragazzo dolce e indifeso quale ero io, avrebbe trovato una sistemazione anche se la pensione era al completo. In quel momento, guardando la signora di origine latinoamericana e l'effige dalla madonna, mi illuminai.

"Possibile..." - mi dissi, concentrandomi per non lasciarmi sfuggire il pensiero che si era insinuato nella mia mente senza una forma ben definita e che avrei dovuto elaborare per renderlo plausibile.

"Possibile che dio, nonostante abbia creato l'universo da più di quattro miliardi di anni, abbia sentito l'esigenza di manifestarsi solo da duemila anni a questa parte? E come mai la madonna, che da noi riscuote tanto consenso e si manifesta continuamente attraverso apparizioni e miracoli, in America, prima della colonizzazione non si è mai manifestata? Se questo è vero, allora vuol dire che si manifesta solamente ai propri fedeli e che quindi si disinteressa completamente del resto del mondo. O forse... Forse non può apparire laddove le persone non sono condizionate dall'educazione dominante, quindi la molla che la fa apparire sono i condizionamenti che ci vengono imposti ."

Mi allontanai cercando di dare ordine a quei pensieri ma presto la mia attenzione fu attratta da altri interessi.

L'affittacamere ci aveva messo del suo, l'avevo potuto constatare quel pomeriggio, quando, dopo aver girovagato nei dintorni, incantato dalle vetrine che potevo ammirare per la prima volta, mi recai nuovamente verso la pensione. Non sarei morto di solitudine, infatti, la camera che mi era stata assegnata dovevo condividerla con altri sette individui e per raggiungere il mio letto, che era nell'angolo più lontano dalla porta, dovevo salire sui letti degli altri coinquilini ed arrivarci passando da un letto all'altro.

Ho riflettuto spesso su questi ed altri episodi di quel periodo, però ho sempre pensato che per quanto questi avvenimenti potessero averci segnato, non erano sufficienti a giustificare le nostre carenze, perché anche quando sono migliorate le condizioni di vita, quando il benessere è aumentato, non hanno cessato di sussistere e ancora oggi, le generazioni che ci sono succedute si trovano nella stessa medesima condizione. Allora pensavo che forse bisognava andare più indietro nel tempo, scavare più a fondo, stabilire che la nostra condizione non dipendesse effettivamente da carenze intellettive, o se sono mancate le conoscenze necessarie per renderci edotti. Non avevo la capacità di vedere, di scorgere in quelli e in avvenimenti attuali, la matrice comune che ha prodotto i danni alla nostra società, a quelle passate e che molto probabilmente condizionerà anche il futuro. Il problema è che fino a quando non si acquista consapevolezza, non è possibile vedere quello che ci sta davanti e non è possibile essere consapevoli se non si riesce ad interpretare i fatti, a leggere tra le righe, a rompere l'accerchiamento che ottenebra le nostre menti. Va detto che appartengo al volgo e per centinaia e centinaia d'anni, anzi, per migliaia, il mio ceto è stato relegato nell'ignoranza più nera; le uniche nozioni consentite erano quelle tecniche necessarie a svolgere le mansioni che ci venivano affidate e i dogmi imposti, dei quali prendevamo atto senza che ci sfiorasse nemmeno l'idea che fosse possibile una loro valutazione. Andavano accettati così come ci venivano imposti, del resto eravamo consapevoli che per noi avevano lo stesso valore delle leggi dello stato e forse più, poiché il morso della morale ci atterriva più di ogni altro. La paura era dettata dalla consapevolezza dell'emarginazione conseguente a una qualsiasi accusa di trasgressione; sapevamo fin troppo bene, infatti, che nell'eventualità non avremmo avuto doti dialettiche e ancora meno, sostanze per difenderci.

Ce n'è voluto di tempo per cominciare a capire, per vedere un po' di luce.

Avevo vagliato più volte, "per quanto potessero consentirmelo le mie capacità," le conoscenze di cui disponevo e tutto sommato credevo di poterle considerare attendibili, perlomeno quelle che avevo verificato nel quotidiano, quindi, all'apparenza non erano la causa delle nostre deficienze. C'era qualcos'altro, lo percepivo senza riuscire a metterlo a fuoco con precisione, tanto che per lungo tempo ho inseguito vanamente indizi rivelatori, ma non mi arrendevo e finalmente quella tenacia mi aveva permesso di capire almeno in parte qual era il nostro handicap. Ci mancava la capacità di organizzare le nostre conoscenze e le nostre esperienze in modo tale da trarne delle conseguenze logiche. Sì, anche l'impegno col quale cercavo di districarmi in quei ragionamenti, avveniva in maniera istintiva, quasi che mi trovassi in un lungo tunnel ed in lontananza un'esile bagliore segnalasse se non la via d'uscita, elementi utili a intravederla. Casualmente, "non certo a scuola, perché per tutto il periodo che l'ho frequentata, non sono trapelati indizi che potessero ricondurre a pratiche deplorevoli da parte del potere dominante", venni a sapere di Giordano Bruno e dell'abiura di Galileo Galilei, quindi le mie intuizioni non erano infondate, che fosse una scelta ponderata, quella di costringere il nostro ceto nell'ignoranza più nera. Noi come utili idioti, ma anche coloro che avevano i mezzi per erudirsi e fare ricerca, non dovevano permettere al loro intelletto di travalicare le consuetudini. Tutti dovevano attenersi alle direttive e alla morale imposta, se non volevano incorrere in pene severissime o rischiare la vita. Quindi erano gli schemi mentali a impedirci di guardare i fatti in maniera distaccata, ed anche se avessimo avuto la fortuna di apprendere tutte le nozioni disponibili, le avremmo valutate col filtro preventivo della nostra morale e dei nostri pregiudizi, di conseguenza, anche se fossimo stati testimoni di autentiche rivelazioni le avremmo rifiutate, perché erano incoerenti col nostro modo di concepirle. Eravamo in trappola, noi e la società intera, considerato che avevamo acquisito in maniera passiva il nostro metro di giudizio e questo ci impediva di evolverci al di là di quegli schemi.

Un giorno, come credo possa accadere a tutti, mi trovai ancora una volta a rimuginare sui ricordi della mia infanzia, sulla figura controversa dei miei genitori, spinti da una parte dall'amore verso i propri figli e le tribolazioni per sostenerne la crescita dall'altra. Era una vita grama ma non conoscevamo niente di meglio e le ambizioni non ci sfioravano nemmeno, quindi, quando alla sera, nella buona stagione ci ritrovavamo a prendere il fresco insieme a tutto il vicinato, per noi era una specie di festa. Una lunga festa nella quale ognuno si dilettava a raccontare storie e aneddoti di cui era venuto a conoscenza, o che asseriva di aver vissuto in prima persona. Io ero veramente piccolo a quei tempi e come gli altri ragazzi del vicinato mi ostinavo, combattendo autentiche battaglie contro il sonno, pur di intrattenermi il più possibile ad ascoltarli, affascinato e turbato. Esisteva una vera e propria cultura della narrazione, a quei tempi, con le soste dovute, le inflessioni della voce. Si può dire che ogni sera si metteva in scena una vera e propria commedia, tutta basata sull'improvvisazione. Si narrava di tutto: dei fatti della vita quotidiana, di quelli della giornata appena conclusa, o di storie di banditi gentiluomini che sarebbero transitati di lì, in certe occasioni, promettendo protezione per i più deboli e rivalse verso il potere che ci teneva in miseria. Gli adulti erano smaliziati ed erano in grado di discernere la verità dall'immaginazione, almeno credo, noi piccoli invece pendevamo dalle loro labbra e tutto ci appariva reale, creando in noi ilarità, o sgomento, a seconda del contenuto della storia narrata. I racconti che ci mettevano più in ansia e che non ci lasciavano dormire la notte, erano quelli sull'occultismo, di cui ognuno degli adulti asseriva d'aver vissuto almeno un'esperienza. Si citava di atti di coraggio di alcuni, che in cambio di una scommessa si erano offerti di recarsi in cimitero a notte fonda e che non erano sopravvissuti agli scherzi che gli avevano preparato gli altri buontemponi in precedenza. Altri asserivano di aver incontrato la morte in forma di scheletro e che per quella volta li aveva lasciati in vita, in cambio di promesse inverosimili. Mio padre asseriva di essere stato preso di mira da "su spiritteddu brullanu," quando la notte gli capitava di dormire all'addiaccio in campagna. Questa entità gli faceva gli scherzi più incredibili per spaventarlo. Ora a questi racconti riconosco la considerazione che meritano, ma a quei tempi mi hanno fatto trascorrere parecchie notti insonni e anni e anni per togliermeli dalla mente. Qualcuno potrebbe pensare che quelle persone fossero stupide, ma sbaglia. A quei tempi era raro che un componente del volgo non credesse fermamente in simili fenomeni, considerato che erano avvalorati dal potere ecclesiastico che si cimentava ciclicamente in funzioni atte a scacciare il maligno e come ho già avuto modo di affermare, a tale istituzione era riconosciuta più autorità che allo stato, quindi ne erano talmente condizionati da interpretare dei fatti ambigui in modo tale da ricondurli alle loro credenze. Anch'io del resto ho vissuto esperienze simili, che ho potuto spiegare solo perché nel frattempo le nostre condizioni erano mutate ed ho avuto modo di svelare il mistero, piuttosto che cedere a conclusioni affrettate. Se il nostro cervello è condizionato a dare spiegazioni mistiche o idolatriche, o anche semplicemente arcane, agli avvenimenti, finirà per cogliere detti elementi in tutte le manifestazioni che esulano dalle proprie capacità di comprendere. A dimostrazione di ciò, credo che sia emblematico narrarvi due episodi di cui sono stato protagonista, che in questo momento posso considerare con ironia, ma che possono collocarsi nella sfera di quelle cause che hanno prodotto credenze e superstizione nel passato.

1) Tanti anni fa, nella mia gioventù, essendo andato ad abitare in una casa con ampio cortile, decisi di coltivare un orticello e tale attività occupò tutto il mio tempo libero al ritorno dal lavoro. Essere l'artefice di quel ristoro per gli occhi, in piena estate, quando la calura e l'aridità circostante dominavano il paesaggio, mentre il mio

cortile era verde e rigoglioso, mi dava tante soddisfazioni, per cui delle volte mi trattenevo fino a sera, sperimentando pacciamatura e accostamenti orticoli spinti dalla curiosità. Una sera che mi ero intrattenuto più del solito, preso com'ero da tale attività, a un certo punto, sollevato lo sguardo dal suolo, nell'oscurità appena schiarita da un'esile falce di luna, intravidi una sagoma ad alcuni metri da me. Un uomo seduto di rimpetto mi osservava. Lo fissai anch'io per qualche minuto e poi rivolgendomi a lui, gli chiesi delucidazioni riguardo alla sua presenza nel cortile. Nessuna risposta. Devo dire la verità, la paura che si trattasse di un malintenzionato, o forse l'insicurezza e l'inesperienza mi impedirono di accostarmi a lui e intrattenere un dialogo a distanza ravvicinata. Mi recai in casa e recuperata una grossa torcia elettrica, puntai il fascio di luce in quella direzione, scoprendo che si trattava di una grossa pietra e di una latta di conserva posata su un palo della recinzione. Lì per lì mi venne da ridere, ma non mancai di fare le mie considerazioni. "Ecco come sono nate le storielle che i vicini di casa raccontavano nelle serate estive." Mi ero detto. Ma, loro non avevano avuto l'opportunità di ricorrere alla torcia provvidenziale, quindi erano certissimi delle loro visioni, supportati dalle consuetudini che ritenevano plausibili quei fenomeni. Del resto io stesso avrei giurato fino a qualche minuto prima che davanti a me c'era un uomo sbragato ai margini della recinzione, quindi come dar torto a quelle genti?

2) Una sera mi trovavo in casa in compagnia di una mia carissima amica. Mi aveva regalato un telefonino che a quei tempi veniva considerato di ultima generazione, quelli che fanno anche le foto, quindi la curiosità mi aveva spinto a scattarne parecchie, anche se non c'erano soggetti particolarmente interessanti da riprendere. A un certo punto lei decise di rientrare a casa sua ed io volli mostrarle le foto. Le stava scorrendo una dietro l'altra quando si fermò impallidita! "Guarda!" Mi disse porgendomi il telefono. Si trattava

dell'ultima immagine che avevo ripreso nel vano che stavamo occupando: sul tavolo appariva un teschio nero, nonostante noi fossimo ben sicuri che non ve n'erano. Io ero costernato. L'immagine era inequivocabile e non ero in grado di individuare nessuna spiegazione logica, mentre per lei ne aveva una ben grave: era un segno di sventura! La mia amica rientrò a casa sua in uno stato di agitazione ed io mi prodigai per svelare il mistero. Scaricai il programma del telefonino sul PC e poi le foto. Volevo ingrandirle e capire il perché di quell'oggetto sul tavolo del mio soggiorno. Ben presto il mistero fu svelato. Si trattava del mio cappello! Lo avevo posato sul tavolo al rientro e poi, quando avevo scattato la foto, un gioco di luci ed ombre e le ridotte dimensioni dello schermo del telefonino ci avevano tratto in inganno, mostrando una vera e propria allucinazione. Ma, se non avessi avuto gli strumenti per svelare il mistero, in quali conclusioni mi sarei spinto? I nostri antenati si sono trovati in migliaia di situazioni ambigue senza avere la possibilità di verificare la concretezza delle loro percezioni, inoltre erano incoraggiati e stimolati a credere in quei fenomeni dal potere dominante, un'istituzione che quasi nessuno osava mettere in forse, in conseguenza delle ritorsioni che poteva generare un simile atteggiamento. Oggi noi possiamo dire che non esistono fatti inspiegabili, se con la mente sgombra da pregiudizi, le conoscenze richieste dalle circostanze e con gli strumenti necessari ci accingiamo ad analizzarli, però ancora oggi si cercano le scorciatoie e molto spesso si preferisce rispondere con lo stesso metodo di allora, quando ci troviamo di fronte a fatti che non sappiamo spiegarci.

È evidente che le ricerche sulle cause della mia inadeguatezza e quella dei miei conoscenti ed amici andavano ad ampio spettro. Tornavo continuamente su episodi della mia vita passata e li esaminavo col maggior distacco possibile. Ero consapevole che solo in quel modo potevo avere la capacità di sviscerarli, di individuare possibili degenerazioni che ci avevano reso vittime degli eventi. Ero come un cieco che brancola nel buio ma, se questo esercizio non mi portava a scoprire soluzioni rivelatrici, almeno serviva ad aumentare la mia consapevolezza, ma raggiungerla pienamente, ne ho preso atto, è il frutto di un lungo cammino.

Il nostro cervello si presta a farsi manipolare, soprattutto quando è nella fase di apprendimento, quando non ha ancora gli strumenti necessari a farsi un'opinione propria. Poi col tempo s'indurisce, è simile alla creta. Al momento di apprendere è morbido e si lascia plasmare, poi una pennellata dopo l'altra acquista volume, contemporaneamente alle nuove nozioni e alle esperienze di vita, che purtroppo, essendo fresche sono quelle meno radicate, mentre quelle che ci hanno imposto in tenera età riemergono di continuo, insinuandoci dei dubbi anche quando con la ragione le abbiamo smontate e rese inoffensive.

Era un periodo di grande movimento, quello in cui mi trovai catapultato dal mio paese arcaico, nella metropoli che mi stava ospitando. Era il sessantotto. L'aria era pregna di un fermento palpabile, un fervore che avrebbe sradicato molte consuetudini che stridevano con le aspirazioni delle nuove generazioni. Stavamo mettendo in atto un cambiamento, una spinta verso il futuro, verso l'autodeterminazione e la parità tra i sessi. Tutto ciò mi affascinava, mi rendeva euforico, al contempo però, sentivo di dover risolvere le incongruenze e le contraddizioni che stavano venendo a galla, se volevo vivere quella stagione coscientemente, senza subirla.

Sono salito per la prima volta su un tram quando avevo quasi diciotto anni, del resto il ritardo di questa esperienza è perfettamente in linea con altri ritardi, anche se a ben pensarci, la vita di un individuo può essere soddisfacente anche senza certe esperienze, soprattutto quando non sono basilari. Ricordo che a quei tempi i mezzi pubblici erano sempre molto stipati, quindi una volta saliti, l'attività principale del passeggero era improntata ad evitare di essere travolto dalle ondate di coloro che salivano o scendevano dal mezzo, poi, piano piano, quando ci si allontanava dal centro si cominciava a viaggiare in condizioni più agevoli ed era anche possibile guardarsi attorno. Fu così che all'interno degli automezzi, tra le locandine che pubblicizzavano i prodotti più svariati, notai le targhe con le quali si ricordava ai passeggeri che la bestemmia è reato. Ne rimasi sconcertato, e non potei fare a meno di considerare che fortunatamente in Italia l'applicazione delle leggi è una mera utopia; se così non fosse stato, la totalità dei maschi ed anche molte donne del mio paese sarebbero finiti sotto processo. Ora posso affermare con buone probabilità di non essere smentito, che la bestemmia, per le nostre genti era un modo di manifestare il dissenso col potere, perché allora le istituzioni civili e religiose erano identificabili in un unico giogo. Ne parlai con persone più adulte e colte di me, le quali mi spiegarono che quella legge serviva a tutelare la sensibilità dei credenti, per i quali è intollerabile sentire qualcuno che inveisce contro la loro divinità. Niente da eccepire, però in conseguenza di ciò, si sarebbe portati a credere che persone così sensibili lo sarebbero state anche nei confronti di coloro che non credono, o che sono indifferenti alle loro credenze, e che avrebbero fatto in modo di vivere la loro fede in maniera intima, senza occupare tutti gli spazi, considerato che a loro sono stati riservati una quantità innumerevole di luoghi di culto in cui possono celebrare i loro riti come e quando vogliono. Uno sforzo economico più che considerevole che grava su tutti, credenti e non. Uno sforzo che non è altrettanto generoso per quanto riguarda luoghi di aggregazione sociale laici, resi disponibili ai cittadini. Intendiamoci bene, sono per la più ampia libertà religiosa ma, questo non significa che lo stato debba sostenere economicamente una religione. Uno stato democratico, beninteso. Lo stato dovrebbe limitarsi a garantire la libertà di culto, a quel punto ognuno dovrebbe impegnarsi a reperire i mezzi per professarlo senza infilare le mani nelle tasche del prossimo per sottrargli le risorse necessarie. Purtroppo, più che in una democrazia, ogni giorno di più si ha l'impressione di vivere in una teocrazia dove il clero detta le regole. Se lo stato fosse democratico, dovrebbe rendere ai contribuenti tutte le somme che attualmente son destinate a finanziare in qualche modo le espressioni del culto e questi dal canto loro, se lo volessero, potrebbero destinarle a chi vogliono. Sarebbe bello! Bello e istruttivo, perché in quel momento sarebbe palese l'attaccamento dei credenti alle istituzioni ecclesiastiche. Ne abbiamo la certezza, senza i contributi statali, le istituzioni religiose sarebbero alla fame, tant'è vero che al momento dell'istituzione dell'otto per mille non avevano neppure carta per scrivere, poi sono ingrassate e vescovi e cardinali possiedono lauti conti in banca e svariati possedimenti edilizi. Un fiume di danaro viene espropriato ai contribuenti al fine di sostenere queste istituzioni, tralasciando opere molto più utili a rendere la vita dei cittadini più consona alle proprie esigenze. Lo stato, le regioni, le province, le comunità montane, i comuni, hanno nei loro capitoli di bilancio somme considerevoli da destinare ai professionisti del culto in tutte le forme possibili. Vengono spese somme più consistenti per la costruzione e la manutenzione di chiese ed edifici dedicati al culto o alla sua promozione che per l'edilizia economica e popolare. Per rivolgere lo sguardo verso l'ente supremo, il quale non avrebbe nessuna necessità di un ricovero, si spendono più risorse di quelle destinate alla sua creatura prediletta, che invece ne ha estremo bisogno. Ma, i mezzi per rastrellare ingentissime risorse non si limitano a quelli in cui lo stato le elargisce palesemente; con nomi altisonanti di misericordia e di carità, associazioni legate intimamente con le strutture religiose, concorrono, "e sono ampiamente favorite" ad accaparrarsi tutte le opere sociali a carico dello stato e date in appalto a privati, mistificando tali decisioni con un presunto tentativo di risparmio, ma che nei fatti fa lievitare enormemente la spesa pubblica. Ma, torniamo alla sensibilità: individui sensibili dovrebbero capire che se loro hanno diritto a praticare i propri riti, gli altri dovrebbero averlo a non vedersele imporre, a svolgere le proprie attività. Ma loro preferiscono reclamare i diritti, piuttosto che adempiere i doveri. Certo, perché rispettando i diritti dei più, non sarebbe possibile esibire i loro stendardi del potere. La loro arroganza è stemperata unicamente dal fatto che noi, in conseguenza di migliaia di anni di dominio ci siamo assuefatti alle loro prepotenze e non le vediamo per quello che sono. A chi non è capitato di imbattersi in una processione che gli impediva di raggiungere un obiettivo? In certi comuni, amministrati tenendo conto del ritorno elettorale, nei quali la circolazione stradale è già un'impresa di per sé, l'amministrazione s'incarica, a spese del contribuente, di preparare con largo anticipo dei palchi che occupano tutte le strade del centro, in modo da riservare alle autorità dei posti a sedere dai quali potranno ammirare le sfilate dei devoti. Che poi, coloro che hanno necessità di svolgere le loro attività non sappiano dove lasciare i mezzi di supporto, non se ne preoccupa certo il sindaco. Loro, i praticanti, per le proprie manifestazioni sono prodighi di iniziative: coprono le strade di frasche e di fiori; ai bordi issano fronde di ogni genere, dalle palme ai rami di ulivo, poi, finita la processione; pensate che si preoccuperanno di rimettere tutto in ordine? Non sperateci, né subito dopo, né il giorno seguente, né mai! Se ne devono occupare le amministrazioni comunali che non eslterebbero a sanzionare pesantemente qualsiasi altro cittadino per molto meno.

Una sera mi trovavo in piacevole compagnia di amici e parenti, quindi decidemmo di recarci in una pizzeria ubicata nell'unica via del paese chiusa al traffico. Nella via tutti gli esercenti occupavano il suolo pubblico con tavoli e gazebo, per cui tutta la gente si riversava in quel luogo per incontrarsi e trascorrere del tempo in piena spensieratezza. Ci servirono la pizza e ci apprestavamo a consumarla, quando il personale addetto al servizio avvertì che dovevano ritirare i tavoli, in quanto di lì a poco sarebbe passata la processione!

"Ecco un'altra ennesima dimostrazione della loro arroganza!" Pensai. "Ma è diventata talmente consueta che i più non se ne rendono conto." Loro non hanno rispetto di niente e di nessuno, sono pienamente convinti che le loro attività devono avere la precedenza su tutto ed agiscono di conseguenza. D'altra parte le autorità, nella stragrande maggioranza dei casi sono completamente asservite a questo potere, o addirittura pensano di poterlo utilizzare per i loro scopi personali, inconsapevoli del fatto che tutti gli altri sono utilizzati per consolidare il suo. A queste manifestazioni di tracotanza eravamo abituati e resi insensibili già da lunghissimo tempo, ma al male non c'è mai limite; quando si è presentata l'occasione, uno strumento che permettesse al genere umano di evolversi ed erudirsi, quell'oggetto potenzialmente rivoluzionario che è la televisione, è stato occupato a sua volta dal potere teocratico che interviene in tutti i temi sociali sciorinando le sue ricette. Se fossero sensibili come pretendono che lo siamo noi, si limiterebbero a vivere nel modo a loro più consono, ma così non è, pretendono che tutti si adeguino a quel credo e fanno valere tutto il loro peso per imporre leggi coerenti con tali convinzioni. Non si sfugge, qualsiasi sia lo strumento cui ci affidiamo per conoscere o per divagarci, possiamo star certi che ce li ritroveremo tra i piedi a tediarci con le loro litanie ammuffite. Non esiste nel nostro paese la possibilità di scegliere un modello di vita laico, uno spazio nel quale loro non possano intervenire.

Amare considerazioni per chi crede nella democrazia e nel raziocinio, considerazioni ancora più deprimenti quando non si vedono spiragli che ci aiutino a superare questo stato di cose, anzi, più si procede all'esame della situazione e più ci si rende conto che le speranze in tal senso sono ridotte al lumicino. Provate, se ne siete capaci, ad esprimere dei concetti senza che in qualche modo le frasi siano intercalate da preposizioni di tipo metafisico: Se dio vuole, grazie al cielo, dio ti benedica e così via. La nostra cultura è pregna dai condizionamenti di una dittatura religiosa millenaria. Tutte le altre culture sono state spazzate via e le uniche tracce rimaste sono quelle che con i mezzi del passato non era possibile occultare. Mi rendevo conto che non avevo i mezzi per controbattere un potere non solo arrogante ma che nel tempo aveva eliminato tutti i suoi nemici, e poi non mi sentivo sicuro, perché l'inquisizione esiste ancora oggi e se qualcuno azzarda ostacolare in qualche modo questo potere, con sistemi più o meno raffinati viene eliminato, o perlomeno emarginato come i lebbrosi di una volta.

A quel punto mi venne il desiderio di capire le ragioni che hanno indotto l'essere umano a credere già dalla notte dei tempi; cercando di immaginare, anzi, se era possibile, immedesimarsi, nelle situazioni che hanno dato origine alla ricerca di divinità protettrici. Come tutte le invenzioni dell'animale uomo, quella di uno o più esseri soprannaturali deve essersi evoluta nel tempo, in base agli stati d'animo, alla paura e all'incapacità di dare spiegazioni razionali ai fenomeni naturali che allora, ancora più di oggi determinavano il destino dell'uomo. Quanto dovevano essere fragili e impauriti, i nostri primi antenati, quando hanno fatto la loro comparsa sulla Terra. Forse erano addirittura pazzi, così come lo diverremmo noi, a vivere in quelle condizioni. Si trovavano in un pianeta ostile e dovevano competere per la sopravvivenza con tutta una serie di animali per niente mansueti, perennemente in agguato per sopraffarli. Nonostante tutto dovevano impegnarsi nella ricerca del cibo e fare attenzione, o addirittura sperimentare in prima persona quelli più adatti alla loro alimentazione. Dovevano convivere con gli elementi della natura che non sapevano interpretare e di cui non conoscevano le origini e le leggi. In quell'ambiente non potevano che prendere atto della loro fragilità, della disparità spaventosa che intercorreva tra le loro aspirazioni e il potere di attuarle, quindi, interpretando in modo erroneo successi dovuti alla casualità, avranno preso a venerare i soggetti che li atterrivano, o a cui riconoscevano un potere, o caratteristiche superiori alle loro. Ben presto devono aver compreso che il tuono era il preludio di un evento di una potenza inaudita che quando scaricava la sua energia immane e colpiva, non lasciava scampo alla povera vittima. Se ne andavano errando tra boschi impenetrabili e praterie che li rendevano ancor più vulnerabili, perché predatori sempre in agguato potevano trovarsi dietro ogni cespuglio e non c'erano strade né sentieri che gli permettessero una via di fuga veloce. Dovevano difendersi da piogge e inondazioni, da inverni rigidissimi, o estati torride, affidandosi unicamente a ripari ricavati in fenditure della roccia, o grotte, spesso contese da altri animali. Come biasimare i nostri primi antenati? Non avevano mezzi per spiegarsi i fenomeni di cui erano vittime; dovevano impiegare tutte le loro energie nella lotta per la sopravvivenza ed erano assolutamente privi di strumenti di valutazione, e quel che è peggio, non esisteva nessuno che potesse erudirli, perché erano tutti nella medesima condizione. È a quel punto che a mio avviso i più furbi hanno fatto la loro comparsa, valutando che potevano profittarsi delle debolezze dei loro compagni di sventura e vantando un millantato credito imbastito sull'improvvisazione. I più non avevano mezzi per districarsi, quindi possiamo capire la molla che li ha spinti, ma oggi non occorre far altro che attingere alla logica per svelare qualsiasi arcano ed è deprimente che molti di noi continuino a farsi turlupinare dai furbi e dai prepotenti, valutando i fatti nell'identico modo dei nostri antenati per pigrizia, perché è il modo più semplice per dare risposte alle domande su cui non hanno voglia di documentarsi, o addirittura impegnare le loro capacità intellettive, rifugiandosi per pigrizia in soluzioni di carattere trascendentale. Quello che mi ha fatto intuire per la prima volta che fosse stato l'uomo a creare le sue divinità e non viceversa, *"sono passati diversi lustri da allora,"* è stato il fatto che mai, le divinità hanno precorso i tempi rispetto alla evoluzione delle genti che le adoravano. Un'entità che avesse creato l'universo, per forza di cose doveva essere a conoscenza delle leggi che lo regolano, ma non è mai successo, nonostante le ripetute rivelazioni, che abbiano edotto l'uomo a questo proposito. L'uomo si è evoluto e nella sua evoluzione ha portato continui cambiamenti e rifiniture all'idea originaria di divinità, adattandola alle nuove esigenze, restando tuttavia prigioniero in qualche modo degli schemi originari, come in un circolo vizioso da cui non riesce a trovare uno sbocco. All'origine di tutto ciò, c'è la pigrizia che ci impedisce di cercare risposte più esaurienti, considerato che ne abbiamo di già confezionate, anche se prive di ogni logica, ma c'è di più, è che nel tempo la gestione del culto si è fatta potere e ben consapevole che senza il culto, questo potere non potrebbe sussistere, si oppone con ogni mezzo alla residua evoluzione che porterebbe l'uomo ad essere pienamente razionale. La domanda più frequente e immediata che ci viene rivolta nel momento in cui qualcuno di noi ha il coraggio di affermare il suo scetticismo, *"perché ci vuole coraggio a farlo, in conseguenza delle forti possibilità di essere emarginati come appestati,"* è la seguente: "Allora chi ha creato tutto questo?"

Il nocciolo della questione sta nel modo in cui si pone la domanda. Se noi ci intestardiamo a rispondere a una domanda posta in modo sbagliato, non possiamo che dare una risposta altrettanto sbagliata. La domanda dovrebbe essere sostenuta in altri termini: "Come ha avuto origine tutto questo?" Solo allora si può cominciare a ragionare e cercare una risposta.

Le epiche divinità del passato erano vittime di contraddizioni lampanti, ma allora gli individui le consideravano in qualche modo simili all'essere umano, quindi non avevano di che ridire. Oggi che crediamo di essere molto più smaliziati, chi crede, affida alla divinità del momento tutta una serie di attributi, incuranti del fatto che possano essere in contraddizione tra loro o che non siano coerenti con la dottrina che professano. Il dio degli ebrei non fa eccezione e introita le stesse contraddizioni di quelli che l'hanno preceduto: Infinitamente buono, giusto, generoso, onnisciente, onnipotente e chi più ne ha più ne metta; però nei fatti egli ci appare crudele e sanguinario al pari delle divinità dei barbari, e non potrebbe essere altrimenti, perché gli autori che danno vita a queste entità, trasferiscono in loro il bagaglio della loro cultura e delle conoscenze disponibili in quel momento storico.

È stato un lungo e tortuoso cammino, il mio, anche se adesso è condensato in queste pagine. Anni per riuscire a districarmi in qualche modo, a divincolarmi dalla morsa che l'educazione ricevuta mi aveva stretto per rendermi omogeneo alla cultura dominante, ma alla fine avevo aperto gli occhi.

Davanti a me c'erano dei fari abbaglianti che testimoniavano qual era il potere dominante. Simboli identificativi che abbiamo introitato acriticamente senza percepire il valore reale che essi testimoniano, l'oppressione culturale nei nostri confronti e l'esaltazione del potere assoluto. Siamo talmente assuefatti a questo potere che anche le sopraffazioni che vengono esercitate quotidianamente nei nostri confronti non le percepiamo come tali. Quante volte abbiamo guardato con raccapriccio alle società teocratiche del medio oriente, nelle quali ogni libertà è negata se non è coerente col credo religioso di quei luoghi? Ebbene, noi siamo in grado di vedere le loro ferite, di valutare gli scompensi che comportano nella via dell'evoluzione di quelle società, eppure non vediamo la realtà nella quale operiamo noi.

In ogni paese, in ogni città, in ogni villaggio; anche nel borgo più sperduto sono piantate le loro insegne: *"questo luogo è sotto il nostro dominio!"*

Politici e potenti di turno vengono utilizzati da questo potere periodicamente, a seconda del momento storico e della convenienza, ma esso non viene mai messo in discussione, non subisce censure e ancora meno si preoccupa della coerenza. Le loro croci, i loro edifici, svettano verso l'alto con arroganza, incuranti il più delle volte della miseria che li circonda, nella quale prosperano e consolidano le loro posizioni. Con le loro campane, con i loro microfoni, con le loro processioni, invadono ogni giorno i nostri spazi, ci costringono a partecipare alle loro funzioni, occupando strade o interi quartieri nei quali tutte le attività devono adeguarsi alle loro esigenze. Nel loro vocabolario la frase: *rispetto delle esigenze altrui,* è stata cancellata da tempo, nonostante i praticanti siano una misera minoranza. Nonostante ciò, per il fatto che sono il gruppo più organizzato e agguerrito nella società, tengono in scacco la stragrande maggioranza della comunità. Davanti a noi viene praticata la più imponente funzione di idolatria che mai mente umana avesse potuto immaginare. Si portano a spasso icone, statue, reliquie, brandelli di carne mummificata, ossa, denti di presunti santi elevati a rango di divinità; rosari di ogni genere, seguiti da una folla ipnotizzata e ignara, e noi non ne veniamo scossi fino a quando finalmente apriamo gli occhi e riusciamo a interpretare il fenomeno di cui siamo testimoni. Non è una questione d'istruzione dunque, né di ceto sociale, la tragedia sta nel fatto che le nostre fragili coscienze vengono sottoposte dalla più tenera età ad un condizionamento che ne segnerà indelebilmente il corso, che ci impedirà di avere coscienza critica, di valutare razionalmente gli avvenimenti di cui siamo testimoni o protagonisti. Questo condizionamento si è affinato nel tempo e ci rende servi e privi di dignità, un terreno adatto a perpetuare lo stato di fatto. È una storia vecchia purtroppo. Da quando l'essere umano ha calcato il suolo del nostro pianeta; fin dai primi barlumi di organizzazione sociale, i più furbi e i più forti hanno sempre cercato di dominare le masse per indurle a servirli, per ricavarsi degli spazi in cui godersi la vita a discapito delle sofferenze e della fatica dei più; ciò non vuol dire che la situazione vigente debba protrarsi all'infinito, anche se le coscienze sembrano ben poco propense a destarsi.

Anche l'indubbio avanzamento tecnologico, la cui molla ha origine nel desiderio dell'essere umano di alleviare le fatiche necessarie alla sopravvivenza, viene vanificato dalla cultura dominante, dalle religioni, che svolgono il medesimo ruolo ovunque esse abbiano radicato. Ovunque spingono le genti a riprodursi in maniera indiscriminata, indifferenti al fatto che le risorse siano limitate, o in via di esaurimento. Essi sono consapevoli che le sofferenze umane conseguenti a un simile atteggiamento gli sono necessarie, perché prosperano nella sofferenza dell'uomo, nelle paure, nella miseria, nell'ignoranza; gli elementi dai quali traggono autorità e potere.

Le masse non devono prendere coscienza, non devono sapere come funziona la società, non devono erudire i figli; come fanno persino gli animali quando allevano la prole, alla quale insegnano a muoversi nel loro ambiente e a scansare i pericoli che vi sono insiti. Ma, com'è possibile che noi permettiamo un simile stato di cose? Siamo stupidi, dunque? No, non lo siamo. È che il potere millenario ha escogitato un metodo che fino ad oggi ha sempre funzionato e che può vanificare qualsiasi intelligenza e fare in modo che anche le conoscenze vengano selezionate in base a criteri che gli sono consoni. Basta avere libero accesso nelle fragili coscienze infantili e insinuare in loro una specie di sistema operativo che scarta certe nozioni a tutto vantaggio di altre. La conseguenza di questo atto ripugnante, è che nel tempo si è creato un circolo vizioso di cui siamo noi stessi vittime e persecutori. Vittime nella nostra prima infanzia, quando nel momento più proficuo per l'apprendimento, nel momento in cui il nostro cervello acquisisce le nozioni che gli permetteranno di avere facoltà di giudizio, siamo condizionati ad accettare per veri, dogmi assolutamente inverosimili. Condizionamenti criminali, perché queste incrostazioni segneranno tutta la nostra vita e il percorso futuro della nostra società. Carnefici nell'età matura, qualora negli anni non acquisiamo la capacità di liberarci dai condizionamenti, perché a quel punto vorremmo imporli alle nuove generazioni. Sono necessarie lotte furibonde col nostro intelletto per spogliarci di tutti i condizionamenti, per seguire il filo logico della ragione, utilizzando le conoscenze di cui disponiamo e i fatti di cui siamo testimoni o protagonisti, ma se saremo perseveranti, i nostri sforzi faranno maturare dei frutti: la capacità di giudizio, la consapevolezza.

Finalmente avevo capito le ragioni che mi avevano fatto venire tanti dubbi quando ero ragazzo. A furia di setacciare tra le possibili cause che ci rendevano inconsapevoli delle ragioni dello stato, improvvisamente tutti i tasselli si erano collocati al posto giusto.

Certo, ma come avevo fatto a non pensarci prima? La verità è che noi non ci identifichiamo nello stato. In conseguenza dell'interminabile dominio della chiesa sull'Europa, abbiamo finito per riconoscere anche nello stato una sorta di entità onnipotente che elargisce premi e castighi a suo piacimento. Non percepiamo lo stato come una comunità composta di singoli individui che poi alla fine siamo noi, ma un'entità cui bisogna chiedere una grazia quando pretendiamo un diritto o un privilegio. Il potere dal canto suo ha instaurato un atteggiamento coerente con questa visione, mettendo in piedi un apparato burocratico mastodontico che crea una muraglia invalicabile tra gli uni e gli altri. I cittadini, quando la chiesa esercitava anche il potere temporale, erano stati abituati a rivolgersi alle autorità attraverso gli stessi ministri, sia per i bisogni di carattere metafisico che per quelli più concreti della vita civile, quindi nell'uno e nell'altro caso dovevano rivolgersi a loro attraverso preghiere e attendere la grazia. La chiesa, anche quando non amministrava più in maniera diretta, in conseguenza della sotto-missione intellettuale che aveva imposto in precedenza, non ha smesso un solo giorno di esercitare il potere, quindi i cittadini, allo stesso modo col quale erano stati abituati ad agire in ambito reli-gioso, ancora oggi si comportano nei confronti dello stato, come se questo fosse veramente onnipotente, chiedendo grazie invece di pretendere diritti. Purtroppo in questo modo d'agire si è creata una contropartita che segna marcatamente la nostra società, per cui i più sono refrattari a introitare i doveri cui siamo tenuti e ciò allontana ancora una volta le coscienze da riconoscersi nello stato. Ecco come siamo arrivati alla situazione attuale: chi governa utilizz-za le risorse come un appannaggio personale, incurante che i conti alla fine debbano tornare. Gli amministrati pretendono invocan-dosi ai potenti di turno, ignorando che dovranno provvedere essi stessi a colmare il forziere dal quale verranno prelevate le risorse. Il risultato di questo stato di cose è a dir poco deprimente. Oggi noi siamo ancora dei sudditi! In questo modo ci considerano colo-ro che deleghiamo a rappresentarci e altrettanto facciamo noi, comportandoci come tali, lasciando che decidano non solo su aspetti economici tutt'altro che ragionevoli, ma anche su materie che riguardano la sfera delle nostre opinioni e del nostro modo di intendere la vita; cercando di indirizzarci con la coercizione nella direzione che loro reputano più consona al loro modello culturale, o al tornaconto del momento. A questo scopo è stato messo in piedi un castello di leggi che la maggior parte di noi non potrebbe mai memorizzare, ma il cui fine è di tenerci sempre sotto la spada di Damocle per indurci a sottometterci al potere dominante.

Avevo capito, ma ciò non significava che automaticamente ci sa-rebbe stata una mutazione dello stato vigente e avevo perso or-mai ogni fiducia in tutti i partiti e i movimenti politici che costella-vano il panorama del nostro paese, del resto non sarebbe stato possibile il contrario. Avevo persino dei dubbi riguardo alla democrazia, se fosse un modello mai entrato in esercizio nel nostro paese.

Da cosa è reso possibile il potere della chiesa, oltre a tutte le ragioni citate fino ad ora? Dall'inettitudine della nostra classe politica; un'altra contraddizione in termini. Costoro fanno i politici di carriera, alcuni da trenta, quaranta, cinquant'anni, senza aver mai prodotto un progetto, un'alternativa, trascinandosi alla rincorsa degli avvenimenti contingenti. È logico che nonostante tutti i danni provocati dalle religioni fino ad oggi, con una simile classe dirigente, riescano ancora a dominare la scena.

Ero solo. Sono solo, insieme a milioni di altri individui che la pensano più o meno come me, sparpagliati nel nostro paese e resi inoffensivi dalla mancanza di mezzi, nel momento stesso che somme astronomiche vengono messe a disposizione di coloro che si prodigano ininterrottamente per disorientare le masse ed imporre alla nostra società delle nozioni superate dalla logica più elementare, pregiudizi che non le permettono di evolversi, che creano conflitti e discriminazioni. Pur inorridito, anche se consapevole delle mie condizioni, alle quali mi sono abituato, adattandomi a vivere col minimo di cui un individuo possa disporre, non voglio rinunciare ad esporre il mio pensiero, anche se non sono sicuro che sia ancora un privilegio di cui possa giovarmi. Voglio analizzare insieme a voi, con un ragionamento scevro dai condizionamenti ma con l'ausilio della logica e della ragione, se i valori che ci hanno tramandato come sacri, nella pratica sono davvero da difendere e da tutelare.

Bene.

Credo che ognuno di noi, al momento sia convinto di aver ben presente quale sia il bene e il male e di saperlo discernere con precisione. Questo concetto tuttavia può cambiare a secondo del luogo o del periodo storico, o delle circostanze nelle quali si svolgono i fatti. Ai tempi della civiltà greca e romana, la pederastia e la pedofilia erano ampiamente praticate e nessuno se ne scandalizzava, come del resto in epoche più recenti, dei bambini venivano castrati per fare da voci bianche nei riti religiosi e i famigliari si sentivano persino onorati di ciò. Il bene, per noi, quindi, sono quelle pratiche che ci hanno insegnato a considerare lecite o addirittura meritevoli, coloro che hanno sviluppato la cultura dominante, ma in assoluto, il bene e il male possono essere diametralmente opposti alla concezione che noi ne abbiamo. Si tratta di stabilire per chi o per cosa un'azione può essere buona, per un singolo individuo, o per la collettività del genere umano, ma non solo. Per il resto degli organismi viventi del nostro pianeta, per esempio, la scomparsa del genere umano sarebbe auspicabile, in quanto permetterebbe alla Terra un ritorno al rigoglio dei tempi che furono e che l'uomo ha così gravemente rimaneggiato. Per il nostro pianeta, comunque, è del tutto irrilevante che sia abitato o meno, che sia coperto da una lussureggiante vegetazione o completamente arido e privo di vita, esso continuerà a girare su se stesso e intorno alla sua stella in ogni caso, fino a quando il sole collasserà portandone la temperatura a livelli tali da non permettere nessuna forma di vita prima e al suo inglobamento successivamente, fino alla sua disgregazione definitiva. Le forme di altruismo sono considerate unanimemente buone, ma può anche capitare, trovandosi a voler salvare un serpente ferito, di venirne morsi alla prima occasione. Ricordate quel ritornello? *Tu carichi il fucile di chi ti spara e poi piangi se la vita è troppo amara.* C'è un modo, comunque, per stabilire con estrema certezza quale sia il bene e il male: valutarli alla distanza, in base agli effetti che gli atti avranno prodotto e se qualcuno avrà la capacità di prevenire, tanto meglio. Purtroppo noi non possiamo permetterci il lusso di non decidere, dobbiamo farlo quotidianamente sforzandoci di utilizzare il massimo del buonsenso, ma la capacità di discernere non è una cosa che ci viene tramandata con il corredo cromosomico, è una qualità che si affina col tempo, con le nostre esperienze e con quelle che gli altri ci hanno tramandato. Noi dobbiamo avere la capacità di farne tesoro e di saperle interpretare con la nostra ragione, liberi dai condizionamenti. Allora, quando qualcuno quotidianamente si propone a noi con ricette miracolose sul nostro modello di vita, se chi lo fa ha un passato che è possibile rivisitare, non dobbiamo fare altro che andare a spulciarci dentro per capire con chi abbiamo a che fare. Chi è che si propone come modello assoluto di verità e di saggezza? Come un faro verso il quale dobbiamo rivolgere il nostro sguardo per trovare la retta via? In tutto il mondo, per quanto noi possiamo prodigarci, le religioni, ognuna nella propria area d'influenza, si propongono come guida per il cammino del genere umano, come portatrici di pace e di saggezza, salvo poi mettersi alla testa di schiere, una contro l'altra armata, o anche in opere di epurazione al proprio interno. Sono troppo ignorante per cimentarmi nella valutazione dei disastri provocati dalle altre religioni e sinceramente avrei voluto fare a meno di ragionare anche sulla nostra, purtroppo, al di là del fatto che io volessi o meno avere un contatto con essa, mi è stata imposta come a tutti e dato che in conseguenza di ciò devo pagare lo scotto, automaticamente mi sento in pieno diritto di metterla in discussione e di spulciarne il pelo. A noi è stata tramandata tutta una storia per la quale i cristiani furono vittime di chissà quali persecuzioni, ma anche se ciò avesse un fondo di verità, lo hanno poi fatto ripagare in maniera esponenziale a chi non voleva adeguarsi al loro dominio, comunque, l'impero romano era molto tollerante e permetteva un'ampia libertà di culto, tanto che nonostante il suo dominio si estendesse a quasi tutto il mondo allora conosciuto, non ha imposto il culto delle sue religioni. I problemi, presumibilmente, si presentarono quando i cristiani, che forse erano i primi integralisti della storia, hanno cercato di imporre a tutti il loro culto, allora è possibile che ci sia stata qualche violenza, ben poca cosa in paragone a quella che hanno esercitato loro, sia al loro interno per affermare il potere e i loro dogmi, *una fazione contro l'altra*, sia nei confronti di coloro che non volevano assoggettarsi alla loro dottrina. Non bisogna dimenticare che per lunghissimo tempo la chiesa è stata l'unica depositaria delle conoscenze e del potere ed ha avuto modo di manipolare a suo piacimento tutte le fonti disponibili. La religione odierna, col suo finto monoteismo, ha segnato un punto netto di demarcazione col passato, nel quale non veniva posto nessun impedimento alla libera scelta di idoli e divinità. Dal momento stesso della sua ascesa non è stata più possibile alcuna alternativa, il cristianesimo era l'unico culto possibile, e non si trattava di un consiglio bonario, beninteso, chi non si adeguava diveniva strumento di violenze e torture tra le più feroci, tra le più spietate e raffinate. Nei secoli, il clero ha sviluppato tutta una serie di strumenti atti a infliggere sofferenza a chi non voleva adeguarsi ai suoi dettami, a imporre un modello tra i più autoritari che la storia abbia conosciuto, a impedire persino la libertà di pensiero. Per un lunghissimo periodo non è stato permesso manifestare idee che non fossero coerenti col credo religioso. Con l'intrigo e la prevaricazione, il clero ha gestito il potere in Europa, elargendo castighi e privilegi persino ai sovrani di quei tempi, che dovevano sottostare al benestare della chiesa per esercitare il potere. Uno stato di cose che è durato quasi duemila anni e che ha permesso a questo putrido potere di manipolare le coscienze fino al midollo, creando le basi per un dominio culturale che vige ancora oggi. Mai come allora deve essere stato triste essere poveri, tiranneggiati da principi e religiosi che pretendevano ognuno il proprio tributo, dalle già scarse risorse che era possibile ricavare con i mezzi di allora dalla lavorazione della terra di cui non erano proprietari. Un'orrenda cappa di tabù e d'imposizioni era stata calata sulla misera umanità, che aveva dovuto adattarsi a condizioni di vita tra le più disagiate, a condizioni igieniche paurose, considerato che non era permesso denudarsi nemmeno per lavarsi, nemmeno per curarsi, spianando la strada ad ogni pestilenza. E quando l'Europa ha innescato la sua marcia espansionista verso territori fino ad allora sconosciuti, la chiesa ha trovato il modo di fornire ogni sorta di giustificazione morale alla violenza, alle nuove schiavitù, negando l'anima a chi non era stato battezzato e adeguandoli in questo modo al rango delle bestie. Ogni mezzo era lecito pur di divulgare la *"Buona novella,"* che non era altro che lo strumento attraverso il quale degli uomini senza scrupoli esercitavano il potere assoluto, concedendosi al tempo stesso ogni privilegio, tutte le depravazioni possibili: violenza, incesto, lussuria. Nei secoli è stato convogliato un fiume di ricchezze verso i vertici della piramide. Un fiume di denaro su cui ancora oggi possono concedersi il lusso di non rendere conto a nessuno, ma ancora non basta. Non basta, perché ancora oggi, con ogni mezzo cercano di imporre i loro dettami, di condizionare i governi affinché vengano adottate le loro direttive, che nel tempo si stanno rivelando un vero e proprio boomerang contro l'umanità, che hanno messo le basi per l'estinzione del genere umano. Quindi, se i nostri punti di riferimento si sono macchiati di simili nefandezze nel passato non possiamo certo escludere che siano pronti a ripetersi, anzi, possiamo esserne certi, perché la violenza, la sopraffazione, il dispregio dei diritti, sono insiti nella loro cultura, nella quale tutto può essere sacrificato in virtù del loro credo. Attenzione però, non basta prendere atto delle malvagità altrui, dobbiamo regolare il nostro modello di vita tenendo conto che tutte le nostre azioni, moltiplicate per il nostro numero, possono causare dei danni irreparabili, sia all'ambiente che ci è indispensabile per vivere, sia alla qualità della vita, sulla quale nutriamo le nostre aspettative. Credo comunque che nessuno di noi, nel proprio intimo osi considerarsi buono, siamo tutti consapevoli che i nostri umori, per quanto ci sforziamo di comportarci in maniera equilibrata, sono fortemente condizionati da fattori esterni e spesso ci lasciamo andare a reazioni poco edificanti, tuttavia, in linea di massima, a mio avviso l'essere umano può considerarsi buono. Come si fa a fare una simile affermazione? Facendo un confronto. Allo stesso modo che noi definiamo l'acqua calda, o fredda, facendo un raffronto tra quella più o meno adatta alle esigenze del nostro corpo. Quindi, è necessario un raffronto, e quale confronto potrebbe rendere meglio l'idea, se non quello con l'infinitamente buono? Ecco, voglio analizzare insieme a voi, tutti i valori che ci vengono imposti come sacri e stabilire fino a che punto lo sono, o se invece è solo una mistificazione.

All'inizio c'era il nulla. Nei meandri di questo nulla, però, esisteva L'ente Supremo. Esisteva e sarebbe sempre esistito, autocompiacendosi della sua esistenza. Che realtà grama, quella di un'entità che non ha nessuno con cui confrontarsi, un orizzonte verso il quale rivolgere lo sguardo, un impegno, seppure minimo. A un certo punto, spinto probabilmente dalla necessità di dare un senso a un'esistenza così misera, avrebbe avuto la brillante idea di creare il celo e la Terra. La voleva piatta, con una volta celeste di cristallo nella quale erano conficcate le stelle e la luna, e all'orizzonte doveva esserci il sole a girarle attorno; poi avrebbe separato la luce dal buio, che prima erano mischiati. Questa entità avrebbe creato tutto dal nulla, circa quattromila anni fa, stando ai calcoli di un alto prelato inglese, o seimila, secondo il capriccio di altri grandi studiosi che con molta coerenza hanno escluso dal loro museo tutto ciò che può essere avvenuto prima, dimostrando per l'ennesima volta quanto la mistificazione eserciti un ruolo preponderante nella loro dottrina. Dopo il prodigio dei prodigi, col quale avrebbe creato dal nulla l'opera più grandiosa di tutti i tempi, non si capisce come mai per creare l'uomo abbia avuto bisogno del fango e per la sua compagna addirittura di una costola del primo. A quanto ci è stato inculcato ancora prima dell'età della ragione, L'ente Supremo aveva in animo l'idea di creare degli individui a sua immagine e somiglianza, per questo motivo era necessario che noi avessimo un luogo adatto alle nostre esigenze. Non mi soffermerò sul fatto che ognuno di noi, avendone la facoltà, l'avrebbe fatto in modo diverso, più adatto; comunque, a quanto pare, il cielo e la Terra sarebbero stati creati. Chi ha fatto queste affermazioni, con le modalità appena elencate, non si curava minimamente della necessità che dovessero avere un riscontro con fatti oggettivi, partiva dall'idea che essendo l'ente supremo **onnipotente**, non aveva alcuna necessità di confrontarsi con leggi fisiche che permettessero alla sua creazione di sussistere, era sufficiente la sua volontà per piegare qualunque ostacolo. Già una descrizione della creazione si fatta, sarebbe sufficiente di per sé ad annientare la credibilità di chi la propone, perché in essa viene rimarcata un'estrema ignoranza riguardo alle leggi fisiche con le quali si muove l'universo e che doveva ben conoscere un suo eventuale creatore. Leggi che seppure in modo empirico, a quei tempi erano già state studiate e descritte da persone più pratiche e meno dedite al misticismo. Probabilmente coloro che si sono cimentati nella narrazione delle origini dell'universo come ci viene descritto, dovevano confrontarsi con individui ancora più ignoranti di loro, incapaci di prendere atto persino dell'evidenza, quella che possiamo osservare quotidianamente anche noi qualora rivolgiamo il nostro sguardo verso gli astri.

Creato il cielo e la Terra, l'ente supremo che aveva tanto a cuore il nostro benessere, avrebbe creato un giardino stupendo nel quale le sue creature potevano trascorrere un'esistenza felice e spensie-rata, con un'unica limitazione, non mangiare mai il frutto della co-noscenza. Ora vorrei sapere se c'è tra noi qualcuno che avendo dei figli, nonostante sia solo genitore putativo, vorrebbe che restasse-ro in uno stato d'ignoranza? A me risulta che i genitori migliori sia-no coloro che fanno il possibile affinché i propri figli siano istruiti e che possibilmente emergano per le loro capacità intellettive. A quanto pare il nostro creatore avrebbe tutt'altre opinioni, lui ci vorrebbe ignoranti e questo suo volere sarebbe stato talmente pe-rentorio da consentirgli di scacciare le sue creature predilette, di condannarle a un destino crudele alla loro prima mancanza. Chi di noi non avrebbe dato un'altra occasione ai propri figli? Altre occa-sioni! La possibilità di redimersi, di far valere le proprie ragioni; di mettere in atto un confronto, se pur da una presa d'atto di inferio-rità, così come fanno i bravi figlioli quando sono ancora dipendenti dal proprio genitore. L'essere umano, pur con tutti i suoi limiti ha creato una scala di valori attraverso i quali giudica i propri simili quando sbagliano e in base alla gravità del danno che arrecano alla società, ha stabilito delle punizioni. Condanne improntate però al riscatto dell'individuo in questione, che, una volta scontata la pena può essere reinserito nella società. I nostri primi antenati sarebbe-ro stati scacciati dal giardino e condannati a una vita di stenti, di sofferenze, di mortificazioni; a partorire con dolore i propri figli.

"Andate e moltiplicatevi!" E alla donna: *"Tu sarai sottomessa all'uomo."* I nostri primi antenati si sarebbero allontanati da quei luoghi sperimentando dolore e sofferenza, tuttavia non si sarebbe-ro sottratti al compito che gli era stato assegnato, quello di far na-scere altre creature. L'autore di questo dramma doveva essere di carattere estremamente irascibile e violento; infatti riesce a far scontrare i primogeniti di Adamo ed Eva, nonostante tutto lo spa-zio di cui disponevano a quei tempi, nonostante la Terra fosse abi-tata solo da loro quattro, mentre la logica più elementare indur-

rebbe a lasciar immaginare che in una simile situazione le ragioni per una coesione persino morbosa avrebbero dovuto prevalere. Comunque, non si sa bene come, Caino sarebbe diventato capostipite di una stirpe. Vi lascio immaginare come, considerato che Eva era l'unica donna esistente a quei tempi. Ma, l'ente supremo, ancora una volta non sarebbe stato contento della sua creatura, nonostante egli stesso l'avesse creata a sua immagine e somiglianza. Non gli era abbastanza devota. Avrebbe trascurato di offrirgli i sacrifici che lui gradiva e che ancora oggi rimarcano la nostra insensibilità nei riguardi del dolore delle altre specie. Ora, è considerato un fatto meritevole da parte nostra, quando facciamo il bene di qualcuno, se non pretendiamo la sua ripetuta, estenuante riconoscenza; se non pretendiamo continuamente segni tangibili della sua sottomissione. Al contrario, per l'ente supremo questi segni sarebbero sostanziali, talmente essenziali che in mancanza di questi avrebbe deciso di sterminare il suo popolo, di salvare un solo uomo che lui avrebbe ritenuto meritevole e la sua famiglia. Noi esseri umani, le cui contraddizioni non si finirà mai di elencare, adottiamo procedimenti diversi: quello della responsabilità individuale, e se una persona non è ancora in grado di avere responsabilità, la affidiamo a centri di formazione che ne curino la crescita in modo integro e gli consentano una prospettiva futura. Anche in questa occasione l'ente supremo non sarebbe andato per il sottile, con un diluvio di proporzioni inaudite avrebbe trucidato tutti gli individui esistenti a quei tempi, anche i fanciulli, i bambini appena nati, quelli che ancora non avevano mancato, seguendo il filo logico della responsabilità collettiva; come nel caso delle sue prime creature, che avrebbero tramandato la loro condanna a tutto il genere umano. Avrebbe salvato solo un uomo con tutta la sua famiglia, a cui avrebbe affidato il compito di portare in salvo tutte le specie di animali esistenti. E se noi dessimo corpo a un minimo di senso critico? Credete che ciò sarebbe possibile ancora oggi con i nostri mezzi? Comunque, Noè e la sua famiglia avrebbero dato origine a una nuova genie, come sapete, ma ancora una volta non sarebbero stati degni dell'amore del proprio creatore.

Sarebbe troppo lungo elencare tutti i fatti cruenti che avrebbero regolato i rapporti tra l'essere umano e il suo creatore dall'inizio dei tempi, ma non s'intravede una atto di misericordia o di perdono. A Sara, la moglie di Lot, sarebbe stato sufficiente voltarsi, dare un ultimo sguardo al luogo dove aveva trascorso una vita peccaminosa da cui si allontanava per seguire la via che lui le aveva indicato, e trasformare in questo modo la propria sorte; dalla salvezza alla condanna, che la materializzava in una statua di sale. Lot, non avrebbe ceduto alla curiosità, al bisogno di conoscere e sarebbe stato salvato. Gli abitanti di Sodoma e Gomorra sterminati in conseguenza della loro lussuria, Lot risparmiato in funzione dei suoi princìpi. L'ente supremo, anche in questo occasione adotta strani criteri per scegliere i suoi beniamini, infatti le virtù dell'uomo prescelto si possono constatare poi, quando messosi in salvo non esiterà ad ingravidare le proprie figlie, confermando in questo modo l'amore paterno che lo legava a loro, che gli aveva permesso di offrirle ancora vergini alla folla. Già Voltaire aveva sottolineato con più cognizioni di quante possa vantarne io, di come al mite Mosè, disceso dal monte, dove era stato a diretto contatto col suo dio, colmo della sua grazia; sarebbe stato sufficiente scoprire che un suo protetto aveva giaciuto con una donna madianita, a permettergli di sterminare ventisettemila dei suoi, nonostante egli stesso fosse sposato con una di loro. E quando finalmente tra gli uomini c'è stato qualcuno gradito all'ente supremo, chi sarebbe stato costui? Lo evidenzia ancora una volta l'illustre filosofo, indicando in David, il figlio diletto per il quale l'entità si era compiaciuta. Un individuo che avrebbe sacrificato qualunque principio etico e morale pur di centrare il suo obiettivo. Che si sarebbe coperto di nefandezze: tradito, ucciso nei modi più crudeli, torturato, stuprato, depredato; i suoi nemici e il suo benefattore. Un individuo in piena sintonia con la sua divinità, che fa suo quale metodo, l'esercizio della violenza. E anche quando i seguaci di questa entità sarebbero stati miti e pazienti, cosa avrebbero ricevuto in cambio? A questo proposito è emblematica la figura di Ezechiele, mite e paziente, al quale, in un rito che si compie ancora oggi quando queste caratteristiche vengono scambiate per stupidità, avrebbe ordinato di mangiare pane con merda per trecentonovanta giorni. Quale messaggio divino è insito in questa volontà, se non quello di umiliare chi non si fa valere con la forza e con l'arroganza?

Da questi fatti, che ci sono stati imposti come verità incontestabili, comunque, se lasciamo libero da condizionamenti il nostro senso critico, traspare una figura crudele e sanguinaria che infierisce sulle sue creature in modo tutt'altro che amorevole, un atteggiamento che ripudierebbe la maggior parte di noi. Il proseguo del racconto è a conoscenza di tutti e volendo, possiamo rivisitarlo in chiave critica e non potremmo fare a meno di constatare che la violenza è il fattore portante di questa lunga storia. Violento l'ente supremo, violenti i profeti, ministri e discepoli, violento il suo popolo prediletto, che della responsabilità collettiva ha costituito la pratica nei riguardi degli avversari. Al loro confronto l'essere umano non può che considerarsi infinitamente buono!

Dopo questi fatti, nei quali i rapporti tra l'entità suprema e i suoi figli si presentano tutt'altro che paterni, egli avrebbe deciso di impegnarsi in prima persona per dare una svolta al destino della sua creatura.

Una svolta a trecentosessanta gradi, considerato l'interesse dimostrato in precedenza per la nostra specie, lasciando trascorrere quattro miliardi di anni dalla formazione dell'universo alla nostra comparsa sulla scena, facendoci precedere addirittura per centoventi milioni di anni dai dinosauri, che non erano sicuramente fatti a sua immagine e somiglianza, né suoi prediletti. Avrebbe deciso di incarnarsi egli stesso e in questa veste mostrarsi per la prima volta al genere umano. Una svolta epocale, considerato che mai prima d'allora ci aveva concesso questo privilegio, che persino a Mosè si era mostrato di spalle, quando gli aveva dettato le tavole della legge. Si sarebbe portati a pensare che si tratta addirittura di un'entità diversa da quella narrata in precedenza, o comunque, con poteri che nel tempo si sono ridotti, infatti, per materializzarsi in carne ed ossa deve ricorrere al corpo di una donna, come un qualslasi essere umano. Comunque sia, ad un certo punto della storia dell'uomo, *"secondo i fautori del cristianesimo,"* l'ente supremo avrebbe deciso che era venuto il momento per la redenzione della sua creatura prediletta. Va precisato che nonostante tutti gli attributi di questa entità, che abbiamo avuto modo di menzionare, egli avrebbe scelto un popolo e lo avrebbe eletto a suo preferito. Quali meriti possa avere questo popolo non ci è dato di sapere, né, come possa un essere imparziale avere dei favoriti, considerato che poi quando è venuto per redimerli non lo hanno riconosciuto ed ancora lo disconoscono. Sta di fatto che l'ente supremo avrebbe mandato sulla Terra il suo figliolo, che poi sarebbe egli stesso; un concetto un po' pesante da digerire ma i concili lo hanno stabilito, anche se per arrivare a una simile conclusione, i sostenitori delle opposte fazioni si sono perseguitati e scomunicati vicendevolmente.

A questo punto dobbiamo fare una considerazione, porci delle domande. L'ente supremo è onnisciente? Egli ha la capacità di vedere il presente, il passato e il futuro in contemporanea? Li ha avuti sempre presenti? Se voleva renderci migliori gli sarebbe bastato un battito di ciglia; comunque a noi non è dato di sapere quali siano i fini ultimi e quindi l'essere si sarebbe incarnato per la nostra salvezza! Il fatto è che non è concepibile che un'entità con tutti gli attributi che gli vengono riconosciuti agisca inutilmente. Il falli-

mento e una prerogativa degli esseri umani! Quando l'essere perfettissimo agisce, si presume che lo faccia in via definitiva, soprattutto se s'impegna in prima persona. Egli si presenta, ammesso
che abbia mai affermato di esserlo e che sia esistito veramente,
come una divinità locale, che si rivolge prevalentemente a quel
popolo e che anzi, discrimina chi non gli appartiene. Non porta sostanziali novità, né fa rivelazioni che non siano già state affermate
e conosciute. Si direbbe più intransigente per quanto riguarda il
rispetto delle regole dettate a Mosè, ben poca cosa per uno che
vuole redimere un popolo, ancora meno se riferito al genere umano. Come dicevo, non è pensabile che l'ente supremo si muova, se
non in via risolutiva, ed essendo egli sia onnisciente che onnipotente, doveva essere a conoscenza che il genere umano non si sarebbe redento in conseguenza della sua venuta; doveva sapere
che coloro che avrebbero governato il suo culto, in conseguenza di
ciò avrebbero inferto tante violenze, tante sofferenze come non
ve n'erano mai state.

All'inizio della diffusione del cristianesimo, Cristo era considerato
un uomo ispirato, un esempio da seguire, poi, un concilio dopo
l'altro è stato elevato al rango di divinità, ad entità suprema, e così
pure Maria, molto tempo dopo. Altra contraddizione della quale
non è possibile venire a capo, né in modo razionale, né seguendo il
filo logico di chi ha immaginato i criteri attraverso i quali si muove-
rebbe l'ente supremo. Questi criteri prevedono infatti che l'unica
entità capace di creare e dare la vita, sia questa entità stessa, a cui
sarebbe sufficiente esercitare la volontà per realizzare i suoi propositi. Per quale ragione sarebbe dovuto ricorrere ad un essere
umano, se voleva materializzarsi in modo analogo alla sua creatura? Se un individuo è in grado di dare la vita a una entità, non si
eleva automaticamente in una condizione di supremazia rispetto a
colui che ha generato? L'ente supremo avrebbe deciso non solo di
incarnarsi ma, anche di morire per la salvezza della sua creatura.

Che contraddizione macroscopica! Questa sarebbe una trovata degna di Edoardo de Filippo, non certo di un'entità superiore che conosce anticipatamente l'esito della sua impresa. In primo luogo dobbiamo riflettere su un fatto: che l'essere umano quando soffre e decede, lo fa definitivamente e le sue sono vere sofferenze. Chi di noi non sarebbe pronto a cimentarsi in simili imprese, sapendo che è pura finzione, che poi tutto si risolve con una resurrezione? In seconda istanza, che senso avrebbe una simile messa in scena, nel momento in cui il protagonista ha il potere di attuare un suo qualsiasi desiderio col solo proposito della volontà? Non basta, al nocciolo della questione, se l'essere umano è così restio a compiere la volontà del proprio creatore, ci sarà pur un difetto di fabbricazione? Possibile che il nostro creatore non se ne sia ancora reso conto?

Potremmo perderci attraverso tutte le contraddizioni dei dogmi imposti, allo stesso tempo però, non possiamo esimerci dalle nostre considerazioni e cioè, che le contraddizioni sono la conseguenza di una volontà, quella di voler adattare nel tempo affermazioni fatte in precedenza e renderle accettabili a chi cerca nel trascendente risposte alle proprie esigenze ed imporle a coloro che ne farebbero volentieri a meno.

Dopo tutte queste considerazioni, e la presa d'atto della nostra inadeguatezza, ancora più macroscopica ci appare la contraddizione della resurrezione del corpo di Cristo e dell'ascensione al cielo di Maria. Se Cristo è veramente dio, quindi l'essere perfettissimo proprio per il fatto che è costituito da spirito e volontà, che ragioni aveva per richiamare a sé un corpo così miserabile? Se fino ad allora i suoi sostenitori potevano affermare con una certa coerenza che la sua residenza era in cielo, in terra e in ogni luogo, quel momento rappresenta l'istituzione di una residenza più consistente e precisa, tale da poter ospitare materialmente dei corpi, tale da poter essere cercati e individuati. Inoltre, la costituzione della gerarchia sarebbe così composta: padre: spirito; figlio: corpo; Maria: corpo; angeli e santi: spirito.

Per finire voglio proporvi un altro punto di riflessione a proposito dell'entità cui stiamo facendo riferimento. In conseguenza di tutti gli attributi che gli vengono riconosciuti, noi possiamo dedurre quale sia la sua costituzione, che in pratica sarebbe la perfezione assoluta. Quindi, dovremmo immaginarlo come un concentrato di energia, volontà e intelletto. Ebbene, secondo voi, una simile entità, avrebbe bisogno di essere rappresentata da qualcuno? E in caso affermativo, si farebbe rappresentare dalla chiesa? Pensate che sia possibile condizionarlo con le recite messe in scena dal clero, se è in grado di scandagliare i nostri pensieri più intimi in ogni momento e sapere cosa nutre veramente il nostro cuore? Immaginiamo di essere un personaggio di prestigio che in procinto di affrontare un lungo viaggio decide di affidare casa e proprietà a un amministratore. Cosa fareste voi, se durante la vostra assenza veniste a sapere che l'individuo in cui avete riposto la vostra fiducia sta utilizzando i vostri beni per il proprio tornaconto e sta vessando i subalterni in maniera dispotica? Che uccide e tortura le vostre creature predilette e si concede tutte quelle pratiche che solleticano l'ego e che voi avete proibito? Non fareste l'impossibile per interrompere tali eventi nel più breve arco di tempo? Non punireste in maniera esemplare chi getta discredito sulla vostra persona? Ecco; l'esistenza della chiesa, possiamo dirlo senza tema d'essere smentiti, è la dimostrazione dell'inesistenza di dio.

Andate e moltiplicatevi.

Non so se vi è mai capitata la fortuna, o la sfortuna, (fortuna se vista dall'ottica dell'osservatore, sfortuna se parte lesa) di osservare uno sciame di cavallette. Ad ogni modo, esse in certi periodi, (quando l'uomo non aveva ancora affinato gli strumenti per combatterle, e ancora oggi in molte parti del mondo), si moltiplicano in modo esponenziale. Questo avviene quando c'è abbondanza di cibo. Le cavallette infatti sono molto prolifiche e quando capita un periodo nel quale ci sono tutte le condizioni favorevoli, mangiano e si riproducono a un ritmo forsennato. Allora può capitare di vederne autentiche nuvole che si spostano in cerca di cibo e dove arrivano non lasciano un filo d'erba. Fino a quando trovano da cibarsi il loro numero cresce all'infinito. Arriva il momento in cui, però, una volta raso al suolo qualsiasi tipo di vegetale, che esse muoiono allo stesso ritmo col quale si sono riprodotte, ma intanto il danno è fatto e se l'uomo non è in grado di difendere le proprie colture, soffrirà la fame e probabilmente la sua sopravvivenza sarà messa a rischio. Oggi, almeno nel nostro continente, è molto improbabile che si possano osservare fatti di questo genere, in primo luogo perché l'uomo ha messo a punto sistemi per combattere simili fenomeni, mettendo così al riparo il frutto del lavoro di una nutrita schiera di operatori e delle risorse necessarie alla nostra alimentazione, in secondo luogo perché la maggioranza delle persone vive nelle città e raramente si conosce la provenienza e il modo in cui si producono i nostri alimenti. Le persone si recano al mercato per acquistare i frutti e gli ortaggi che desiderano, a prescindere dalla stagione: zucchine, melanzane, fagiolini, anche in pieno inverno, cosa impossibile fino a pochi anni fa, per questo si è portati a credere che ormai non corriamo più il rischio di essere vittime di carestie, o scarsità di cibo. Nel passato, l'evoluzione dell'uomo era legata intimamente sia a fattori atmosferici che a eventi come quello appena descritto. Era essenziale che il numero degli abitanti di una certa zona fosse coerente alla quantità di risorse utili al sostentamento che quel luogo poteva produrre, diversamente, o si soffriva di malnutrizione, esponendo quelle genti a malattie e pestilenze a causa delle precarie condizioni fisiche, oppure quella popolazione doveva espandere la propria area di appartenenza, o ancora, si tornava a decrescere, spesso anche in modo drammatico, fino a raggiungere il numero giusto per le risorse disponibili. Ebbene, quelle regole, nonostante la nostra evoluzione non sono mai mutate, ancora oggi dobbiamo confrontarci con l'ambiente che ci circonda e adeguare il nostro numero alle risorse che ci mette a disposizione il nostro territorio, perché ci crediate o no, la manna non è mai calata dal cielo e non scenderà mai! È già capitato innumerevoli volte nel corso della nostra storia che un popolo non osservasse le regole della natura e puntualmente ne ha pagato lo scotto, o lo ha fatto pagare a qualcun altro. Ora, chi di noi non ha sentito affermazioni del tipo: *la natura è matrigna, la natura è avara; oppure, la natura è buona, il mondo è stato creato per soddisfare le nostre esigenze...* Tutte queste affermazioni sono frutto dell'incapacità di prendere atto che la natura è neutra, non è né buona, né cattiva, ha la sue regole e se noi vogliamo sopravvivere dobbiamo adeguarci. Per la natura, noi siamo irrilevanti, non ha importanza che dominiamo la scena o che scompariamo del tutto, essa prosegue il suo corso rispettando le sue leggi senza mai trasgredirle. Prima di noi, altri hanno primeggiato. Noi siamo comparsi solo all'ultimo minuto. I nostri resti fossili più antichi risalgono si e no a qualche milione di anni, mentre i dinosauri hanno dominato la Terra per centoventi milioni di anni.

Tutte le nostre azioni causano degli effetti di cui al momento possiamo anche non renderci conto, ma che immancabilmente torneranno verso di noi, a vantaggio o a svantaggio, a seconda di come ci siamo comportati. Un'azione buona per il nostro modo di pensare, per la nostra cultura, non è detto che sia produttiva nel lungo periodo. Può succedere che quella determinata azione causi un danno che potrebbe costarci caro, quindi dovremmo valutare attentamente l'effetto insito nel nostro modo d'agire. I nostri antenati, anche quando non andavano a scuola e non sapevano leggere e scrivere, prendevano costantemente lezioni dalla natura e ci hanno spianato la strada con la loro esperienza, tanto che noi non abbiamo la necessità di sperimentare personalmente le ustioni che causa la manipolazione della brace ardente, o le conseguenze dell'esposizione alle intemperie invernali per sapere che potrebbero farci ammalare gravemente. Nel corso dei secoli, dei millenni, sono sopravvissuti coloro che hanno imparato a convivere con le regole della natura, a ricavare le risorse disponibili, sia per la sopravvivenza che per migliorare le proprie condizioni di vita. Più l'essere umano ha imparato a rendere produttivo il suo ingegno, più miglioravano le sue condizioni, il suo benessere. Quindi, l'ingegno è un elemento essenziale per il miglioramento delle condizioni umane. L'uomo è progredito enormemente dove il suo ingegno era lasciato libero, quando in qualche modo è stato limitato in questa sua peculiarità, non solo non è avanzato ma, al contrario, si è avviato in un declino inesorabile. Ci sono stati dei periodi in cui l'ingegno dell'uomo non era riconosciuto come elemento positivo, o addirittura è stato combattuto, fosse per ignoranza, o per paura che le sue intuizioni potessero alterare gli equilibri esistenti, quando andavano a cozzare con verità dogmatiche che non potevano essere messe in discussione. L'ingegno dell'uomo è stato apprezzato quando si limitava a specifici aspetti del progresso che non danneggiavano chi in quel momento storico deteneva il potere, o addirittura era finanziato dal potere, se riteneva di poterne trarre vantaggio. La conseguenza logica di questo stato di cose è che quasi sempre le persone creative si sono dovute accodare al potere. Le ragioni potevano essere le più svariate, la più importante però, era la necessità di trovare chi finanziasse la messa in opera della loro creatività e a quei tempi chi coniava moneta erano principi e regnanti. Non ci vuole molto a capire, a questo punto, che per lunghi periodi (e ancora oggi), le persone d'ingegno sono state orientate in gran parte dai loro finanziatori, dal potere costituito, che poteva concedersi di selezionare le opere che riteneva più idonee al mantenimento del proprio potere, anche se non erano di utilità alla comunità, o addirittura scartare volontariamente quelle che potevano agevolarla. Il benessere e l'evoluzione, come dicevo, erano legati alle risorse utilizzabili in una data zona e alla capacità di renderle disponibili, ma poteva accadere che una comunità occupasse un territorio che pur disponendo di risorse, non era in grado di fruirne, rendendolo a quel punto appetibile a chi aveva tali capacità.

Gli anticoncezionali sono una cosa recente, nel passato, quando la stirpe umana era in buona salute, considerava estremamente positivo prolificare, e appartenere a una tribù numerosa, oltre a solleticare l'orgoglio del singolo era anche sinonimo di potenza. Le comunità umane erano in crescita continua e ciò le spingeva ad espandere le aree dalle quali ricavare il sostentamento, facendole scontrare talvolta con altre comunità limitrofe. Essere numerosi significava doversi adattare a regole per la coesistenza, ma allo stesso tempo presentava numerosi vantaggi, primo tra tutti la disponibilità di braccia per procurare le risorse alimentari, in secondo luogo ma non meno importante del primo, avere una capacità difensiva od offensiva maggiore e potersi affermare nella lotta per la sopravvivenza. Questa logica ha avuto talmente successo che si è affermata per tutta la storia dell'umanità ed è ancora considerata valida ai giorni nostri, ma cosa succedeva se una comunità risiedeva in un territorio dove le risorse scarseggiavano, o non era in grado di renderle fruibili, o ancora, se il numero dei suoi componenti aumentava fino a farle scarseggiare e a renderle insufficienti? La conseguenza più probabile era una riduzione traumatica della popolazione dovuta a qualche pestilenza, il cui catalizzatore era da imputarsi alla malnutrizione che degradava le condizioni fisiche di quelle genti, oppure, come è successo spesso nella storia, tentavano il tutto per tutto provando a invadere un territorio già occupato da altri individui per fare proprie le loro risorse, impegnandosi in uno scontro cruento in cui le opposte fazioni avevano comunque perdite ingenti, *riducendo di conseguenza il loro numero, adattandolo alle risorse disponibili.* Queste sono le regole basilari della natura, però l'uomo non ha mai cessato di combatterle o quanto meno tentare di piegarle per adattarle alle sue necessità. Una lotta in cui nel lungo periodo si è rivelato sempre perdente.

Come sappiamo tutti, nel nostro pianeta l'evoluzione intellettuale e tecnologica non è avvenuta in modo omogeneo, in certe aree il tempo sembra essersi fermato agli albori della storia e in quei luoghi le regole della natura sembrano più ferree che mai. La natura esige che le comunità umane adattino il loro numero alle risorse disponibili, o che sono in grado di rendere fruibili e se ciò non avviene pagano un tributo doloroso di vite e di salute, perché le sue leggi sono immutabili e imparziali e non conoscono il buonismo. Nonostante queste siano le regole portanti che hanno determinato il destino dell'uomo dalla sua comparsa fino ad oggi, anziché cercare di erudire i popoli più ignoranti, il potere ecclesiastico, che ha il chiodo fisso della moltiplicazione, lancia messaggi tali da stimolare slanci di altruismo nelle persone, per invogliarli a sostenere comportamenti in pieno contrasto con le regole del nostro ambiente. Per intuire quali saranno gli effetti di questi comportamenti però, non è necessario essere onniscienti. Se noi, in un momento in cui i nostri mezzi ce lo consentono, ne rendiamo disponibili una parte per le aree geografiche nelle quali l'incremento demografico è indipendente dalle risorse disponibili, li stimoleremo a proseguire nel loro atteggiamento sbagliato. Da questo atteggiamento, quelle genti dedurranno che prolificare può essere redditizio e si cimenteranno in tale esercizio continuando a moltiplicarsi, creando le condizioni per una prevedibile disfatta. Se i figli di oggi, una volta cresciuti prenderanno l'esempio dei genitori, la situazione vigente si perpetuerà, rendendo quelle genti perennemente dipendenti dalle risorse provenienti dall'esterno e non diventeranno mai autonomi e indipendenti; se invece verranno attratti dalle lusinghe rappresentate dall'esposizione dei media del nostro modello di società, ce li troveremo alle porte a reclamare una fetta della nostra torta. Cosa succederà nel momento in cui gli attuali benefattori, "ipotesi più che probabile", dovranno adeguarsi ad un ridimensionamento delle loro capacità economiche? Nel momento in cui sospenderanno i loro aiuti, in quelle aree si verificherà una vera e propria ecatombe e le leggi della natura prevarranno nuovamente.

Le abitudini consolidate e le spinte continue del potere dogmatico ci esortano a comportamenti in pieno contrasto con le regole appena citate e tuttora i governi continuano a lusingare i popoli, a stimolarli a procreare, a promettere incentivi per sostenere la crescita dei figli. Ci si comporta come se l'essere umano fosse in via di estinzione. Effettivamente, anche se non ce ne rendiamo conto, noi ci stiamo incanalando veramente verso una vera disfatta, la tragedia sta nel fatto che avverrà per motivi diametralmente opposti a quelli di cui si preoccupa chi governa e che in tal modo non fa che accelerare tale processo. Noi, anche le persone più pignole, a causa del nostro numero e del consumismo sfrenato su cui poggia i pilastri il nostro modello di società, stiamo degradando in maniera esponenziale l'ambiente che ci da la vita, che non è in grado di smaltire le scorie che produciamo. Dobbiamo sviluppare la capacità di osservazione, non solo nei confronti degli altri, ma di noi stessi. Se lo faremo ci renderemo conto di come le nostre attività quotidiane siano una fonte di inquinamento continuo. Proviamo a valutare tutte le nostre azioni, dal mattino appena alzati e poi per tutto l'arco della giornata. Dopo una notte dedicata al sonno ristoratore, molto probabilmente ci recheremo in bagno, quasi sicuramente con necessità di minzione, a questo punto dovremmo fare un primo esperimento: prendiamo una bacinella d'acqua, "per noi rappresenterà il mare," se disponete di un contagocce e dell'inchiostro, provate a buttarne una sola goccia in quell'acqua. Piano piano si diluirà ed in breve non la noterete più. Ora provate a buttare nella stessa acqua tante gocce quanti sono gli abitanti del vostro paese e vi renderete conto di come quella stessa acqua prenderà il colore definitivamente. Dopo questo primo bisogno corporale, di norma ci laviamo almeno le mani e il viso e per farlo adoperiamo acqua e sapone che andranno a finire nello scarico del lavandino, ma dove finiscono quegli scarichi? Quegli scarichi, moltiplicati per migliaia, per milioni, per miliardi, andranno a finire in mare, dopo un tragitto più o meno lungo, e così pure il dentifricio, lo sciampo, il bagnoschiuma. Tonnellate e tonnellate, migliaia di tonnellate tutti i giorni.

In altri tempi per defecare l'essere umano si recava all'aperto e i nostri escrementi, dopo un periodo di stagionatura venivano adoperati come concimi, oggi non è più possibile, anche se sarebbe curioso vedere tutte le persone a una certa ora del mattino recarsi in camporella. Ad ogni modo, nelle società civilizzate per fare questi bisogni si va in bagno e chi è in buona salute lo fa almeno una volta al giorno. Un fiume di proporzioni inimmaginabili di escrementi che raramente vengono trattati si riversa tutti i giorni in mare e ciò non sarebbe nemmeno il danno maggiore, anche se il mare certo non gradisce. Detersivi, acidi, insetticidi e una varietà infinita di agenti chimici per la pulizia della casa e della persona seguono lo stesso itinerario delle feci, ma non basta. Fuori di casa, nell'ambiente di lavoro, per produrre i nostri alimenti, per conservarli, infliggiamo altre ferite mortali all'ambiente che ci da la vita.

Gli abiti, le scarpe, tutti i suppellettili, tutti gli oggetti che usiamo quotidianamente per renderci la vita più agevole, sono prodotti erodendo un minimo di bene ambientale, e questa è solo la parte minima dell'inquinamento che produciamo, quella più consistente, dalla produzione delle macchine per tutti i nostri usi, le cave, le estrazioni e i materiali che vengono usati come catalizzatori per estrarre ogni sorta di minerali e di metalli, vengono rilasciati puntualmente nell'ambiente e possiamo stare certi che torneranno verso di noi quando meno ce lo aspettiamo. Più cresciamo di numero e più il danno si accentua, perché ognuno di noi contribuisce in maniera più o meno massiccia a intaccare il nostro habitat, anche le persone più sensibili, quelle più intransigenti. A cosa è dovuto tutto questo? All'incapacità di modificare i nostri comportamenti consolidati nel tempo, ai condizionamenti della nostra cultura e purtroppo, salvo poche eccezioni, tutte le culture sono fortemente condizionate dalle religioni, che sono ferocemente statiche, una diga che tenta di arginare l'evoluzione umana, in quanto questa rappresenta la fine del potere da loro esercitato. Nel corso della storia si sono succedute tante religioni cui oggi ci rivolgiamo con spirito scettico e bonario, ma ai tempi nei quali erano riconosciute ufficiali, detenevano un grande potere cui non era possibile sottrarsi. Oggi, dopo che è stato possibile smascherarle, dimostrando quanto fossero prive di fondamento le basi su cui si reggevano, vengono considerate per quello che erano effettivamente, delle favole mitologiche frutto della fervida immaginazione dei furbi di quei tempi, ma alle quali il popolo si è adattato e prostrato, dando in questo modo la possibilità a chi ne gestiva il culto di impersonare posizioni di privilegio e di potere. Purtroppo le cose sono cambiate ben poco, da allora. Il genere umano non riesce ad accettare l'idea che anch'esso come il resto degli organismi viventi, dopo un breve ciclo vitale su questo pianeta è destinato a scomparire per sempre, allo stesso modo di un qualsiasi stelo d'erba che concluso il suo ciclo, torna ad appartenere al regno minerale. Senza l'illusione consolatoria di una vita oltreterrena molti di noi non riescono a dare uno scopo a un'esistenza davvero poco esaltante, quando non addirittura deprimente e su queste debolezze affondano le radici i professionisti del clero, con l'intento di perpetuare la loro supremazia. Constatazioni poco esaltanti per chi come noi si considera una soglia più in là dal resto del regno animale e non sarebbe nemmeno tanto tragico, se ognuno si limitasse a vivere le proprie convinzioni senza imporle al prossimo. L'aspetto drammatico è che anche chi ha compiti di governo non riesce a disancorarsi da questa logica, sia per proprie convinzioni, o per tornaconto di ceto, o personali. Per quale motivo continuano a stimolare i popoli a procreare, a moltiplicarsi, nonostante già molto tempo prima di me, qualcuno abbia prospettato in maniera incontestabile i pericoli di un'espansione demografica esponenziale? Per motivi contingenti. Perché non hanno la capacità di affrontare i problemi guardando al futuro e li rimandano più drammatici e insolubili che mai alle generazioni a venire, se mai ce ne saranno. I condizionamenti culturali sono la struttura attraverso cui si perpetuano gli usi nel tempo, frenando le spinte alla consapevolezza e al cambiamento, quindi si tende ad affrontare i problemi sempre con i medesimi criteri, anche quando sono ormai superati o controproducenti. Con la stessa staticità si pretende di affrontare la questione dell'incremento demografico, senza tenere conto dei cambiamenti intercorsi e della fragilità del sistema, causata da altre scelte fatte con i medesimi parametri scriteriati, ma allora eravamo tutti convinti che le risorse a nostra disposizione fossero inesauribili, mentre oggi ci rendiamo conto drammaticamente di quanto siano limitate. La globalizzazione, la libera circolazione delle genti e delle merci, è un'idea balzana che risponde unicamente alle esigenze delle multinazionali e che mette in ginocchio i popoli, che sono autentici prodotti di nicchia, il frutto d'irripetibili alchimie, di lotte e di conquiste a volte millenarie. Queste scelte sono state ideate in funzione di potentati economici, per favorire i quali è in atto un neocolonialismo spinto, che ha lo scopo di rapinare le risorse del pianeta per il loro tornaconto, disgregando le popolazioni d'intere zone geografiche e devastandone altre dove gli individui vengono convogliati.

La governabilità è divenuta un problema in quasi tutti i paesi occidentali, il che equivale a dire che le società non si riconoscono più in valori comuni e interessi condivisibili. Quando la cultura di un popolo è omogenea, sperimentata da una lunga convivenza, la concordia è stimolata dalla comunità degli interessi e dal riconoscimento delle regole sociali. Il dramma si verifica quando in una società si inseriscono elementi fortemente disomogenei, allora le esigenze degli individui si scontrano e alla fine questo fenomeno viene rapportato anche a tutti gli aspetti del vivere comune. Etnie diverse possono convivere solo in presenza di una spiccata tolleranza che raramente si riscontra nelle nostre società, nelle quali la maggioranza tende a prevalere e ad imporre la propria egemonia, oppure la coesione è imposta da governi autoritari che nessuno si augura di sperimentare. La tragedia della Iugoslavia è un monito troppo recente perché noi non ne teniamo conto. Troppo spesso le relazioni umane sono regolate dai rapporti di forza e appena si presentano le condizioni, la necessità di vivere pienamente il modello culturale in cui si sono formate le coscienze, spinge le genti a realizzare tali aspirazioni con le buone o con le cattive. Ce lo confermano i fatti della Cecoslovacchia, che alla prima occasione ha preferito frammentarsi piuttosto che arrivare a scontri che avrebbero potuto diventare cruenti, la disgregazione degli stati periferici dell'ex unione sovietica ed innumerevoli altri episodi. La soluzione più logica sarebbe quella di delegiferare in tutti quegli ambiti che non sono indispensabili per la convivenza civile e garantire a tutti di realizzare le proprie aspirazioni senza il timore di essere emarginati, ma credo che questo sia un obiettivo ancora molto lontano se non utopistico. È nell'ordine delle cose che le genti aspirino a vivere in una società organizzata in base alle loro esigenze ed è altrettanto vero che i popoli sono diversi, dei prodotti di nicchia; che facciamo sforzi continui per adattarci anche a regole originate da una lunga convivenza, che per il nostro stesso modo di essere, per poterci affermare pienamente, abbiamo stabilito regole per allontanarci persino dai nostri affetti nel modo meno conflittuale possibile. Questo elemento dovrebbe essere sufficiente a renderci edotti al riguardo. La convivenza è difficile persino quando amiamo le persone, figuriamoci quando siamo costretti a farlo con genti che hanno una concezione della vita diametralmente opposta alla nostra, con le quali non abbiamo legami di sorta, ed entriamo in concorrenza per affermare i nostri diritti e la nostra personalità.

Nel 1950, la popolazione della Terra non superava i due miliardi e mezzo di persone; in sessant'anni, questi due miliardi e mezzo sono stati capaci di prolificare un numero imprecisato di altri individui, dei quali, altri quattro miliardi e mezzo sono in grado di procreare a loro volta, si presume che a questo ritmo, nei prossimi cinquant'anni la popolazione raggiungerà i quattordici miliardi: un'orda famelica che raderà al suolo il resto degli organismi viventi per poi scagliarsi gli uni contro gli altri allo scopo di sopravvivere. Nonostante queste siano tutt'altro che ipotesi, anche nel nostro paese, in molti si ostinano ancora a sollecitare un aumento della popolazione. Si presume che quando un membro di governo fa delle affermazioni abbia in mente un progetto, che non spari delle idiozie solo perché deve espellere aria dalla bocca. Se non è così, che ci faccia sapere quali obiettivi intende raggiungere. Quale dev'essere il numero ottimale degli abitanti che può supportare il nostro paese? Quali aree agricole intende sacrificare per destinarle a nuovi insediamenti abitativi? Quali risorse intende destinare al soddisfacimento dei nuovi bisogni? Oggi chi si occupa delle condizioni del nostro pianeta, ci mette continuamente in allarme per la scarsità di risorse che si prospettano nel futuro prossimo. Persino l'acqua, il bene primario in assoluto sarà sempre più scarsa, per non parlare degli alimenti di ogni genere. Chi si propone nella vecchia logica di stimolo all'incremento della popolazione non guarda certo alle conseguenze delle sue affermazioni, vuole risolvere problemi contingenti, calcolando che con la sua crescita sarà più facile reperire somme per sostenere i privilegi esistenti, ma che si trasformeranno al più presto in una mina vagante per le generazioni che ci succederanno. Avremmo voluto amministrazioni di altro calibro, che una volta trovatisi in condizioni di vantaggio per le scelte della nostra società, un decremento demografico volontario, avessero cominciato a ragionare sul come gestirlo, trasformandolo in una opportunità per una rinascita della nostra comunità. Al nostro orizzonte si presenta un futuro tutt'altro che roseo, facilmente immaginabile. In conseguenza dell'esaurimento del petrolio, o delle quantità ridotte a causa di una domanda sempre più crescente, molte aree coltivate attualmente a generi riservati all'alimentazione umana, a causa della maggiore remunerazione verranno destinate a colture atte a sostituire le fonti energetiche in via di esaurimento, lasciando scoperte fasce sempre più crescenti di individui con scarse risorse alimentari disponibili. L'instabilità politica nel mondo, a causa di questi motivi, sarà all'ordine del giorno e si tradurrà in scontri e violenze che al momento attuale non siamo nemmeno in grado di immaginare. Le prossime battaglie saranno improntate quasi sicuramente a proteggere i generi alimentari dagli assalti di coloro che ne verranno esclusi.

La ricchezza

La ricchezza può essere individuale, e in questo caso, anche in un paese considerato unanimemente povero, è possibile trovare degli individui che possiedono molto più di quanto gli sia necessario. La ricchezza può essere frutto dell'ingegno, ma anche del malaffare e dello sfruttamento; di un lascito, o di circostanze fortunose, ma quando si tratta di uno stato, sono necessari elementi senza i quali non è possibile transigere. Uno stato per essere ricco ha bisogno di risorse, di materie prime, della capacità di reperirle, dell'ingegno del suo popolo; per trasformarle in modo tale che producano un reddito accettabile a chi le trasforma e un beneficio alla collettività intera. Ma per quanto un popolo possa essere ingegnoso, raramente il suo arricchimento può essere repentino allo stesso modo che talvolta si verifica un tracollo; quindi per affermare che un paese è ricco, è necessario un periodo di stabilità sufficiente. La ricchezza del singolo, nonostante sia un bene ambito dalla maggioranza degli uomini e delle donne di tutto il mondo ed anche auspicata, perché nel momento in cui viene spesa per acconsentire gli agi e i privilegi che costoro si concedono, permette anche ai meno fortunati un minimo di decoro; per uno stato e soprattutto per la comunità di una nazione può essere molto pericolosa. Una comunità lungimirante non dovrebbe mai acconsentire che la ricchezza di un individuo oltrepassi certi limiti: il lecito desiderio di migliorare la propria condizione e di accedere al lusso e all'agiatezza più spinta. Dovrebbe porre dei limiti oltre i quali la tassazione rasenta il 100x100 del guadagno, al fine di impedire che la ricchezza diventi strumento di potere. Quando le comunità, per motivi culturali non si premuniscono in tal senso, potete star certi che individui senza scrupoli tenteranno di prendere le redini del potere per ricavare ulteriori privilegi che consolidino la loro posizione e gli consentano di sottrarsi alle regole della civile convivenza cui sono soggetti tutti gli altri. Da quel momento in poi, quell'individuo diventa un pericolo per la comunità, perché potrà porsi al di sopra degli altri membri della collettività ed imporre regole utili al suo tornaconto e deleterie per la democrazia e la convivenza civile. Le comunità devono premunirsi, lo ripeto, e stabilire delle aliquote di tassazione tali che oltrepassata una certa soglia, acconsenta agli organi dello stato di incamerare tutte le risorse per i bisogni della collettività. Si dirà che così facendo si mortificano gli stimoli e le ambizioni delle persone intraprendenti, che una volta raggiunto il limite imposto, tali individui non avranno più motivi per intraprendere impresa. Bene! Gli spazi esistono per essere colmati ed è molto più saggio e produttivo per una società, confrontarsi con tanti individui di media ricchezza che con uno che ingloba tutto, attribuendosi poi il capriccio di spartire ciò che più gli aggrada. Un popolo, una comunità, si può definire tale nel momento in cui si può constatare oggettivamente una sufficiente coesione ed identità di cultura e appartenenza, condizioni indispensabili per renderlo governabile col consenso. Sarebbe auspicabile che il consenso fosse il più ampio possibile, ma in mancanza di questa condizione si può accettare anche quello temporaneo di una maggioranza che si metta l'obiettivo di lavorare per renderlo più ampio e come fine ultimo della piena soddisfazione collettiva, in modo che nessuno si senta escluso e che tutti collaborino al bene comune. Se non si riesce a calamitare il consenso di una maggioranza, vuol dire che quel popolo non ha convissuto un tempo sufficiente a renderlo omogeneo, o che chi l'ha amministrato, ha lavorato più per disgregare che per unire, allora si deve ricorrere ad espedienti come premio di maggioranza, od altro, che in altri termini significa governare con una minoranza, situazione questa, che è un autentico preludio alla dittatura. Ma, cosa sono gli stati e i popoli, come si sono formati? Degli individui di una determinata zona geografica, in seguito alle circostanze più svariate si sono trovati a convivere, ricavando da quel territorio tutto ciò che era necessario alle loro esigenze, modellando quel territorio e modellandosi a loro volta, in una identità di usanze, cultura, interessi comuni e rispetto reciproco; divenendo un prodotto di nicchia unico; al punto di provare un grande disagio e un'atroce sofferenza ad abbandonare quei luoghi, ad amarli al punto di difenderli a costo della vita! Questo attaccamento è riconosciuto unanimemente, tanto da essere definito *radici*, perché è simile al radicamento degli alberi per il luogo in cui attecchiscono. Fatti anche recenti hanno dimostrato che è sufficiente venga a mancare anche uno solo degli elementi citati, per cui un popolo si disgreghi e in opposte fazioni finiscano per scagliarsi uno contro l'altro per cercare di sopraffarsi a vicenda e imporre al perdente la propria identità di vedute. Un equilibrio fragile dunque, basato su regole che abbiamo imparato ad accettare e che dovrebbero salvaguardare i diritti di tutti, in modo da evitare che gli esclusi abbiano propositi di rivalsa o di vendetta, o che si propongano in attività antisociali. Regole che sono state ideate nel tempo e che vanno bene solo per una determinata comunità e non si possono imporre ad altri, allo stesso modo che noi non vogliamo imposizioni da chi legifera per le proprie esigenze da un'altra parte del globo. Noi non vogliamo mangiare larve di termiti e non vogliamo imporre a chi le apprezza di cibarsi dei nostri prodotti. Vogliamo essere liberi di programmare il nostro modello sociale e quello di sviluppo, senza che altri, per le loro esigenze limitino questa nostra libertà!

Gli abitanti di uno stato possono anche chiamarsi società, stigmatizzando in questo modo che ogni cittadino è socio ed ha diritto ad una quota parte al momento della sua nascita, momento nel quale si impegna implicitamente a rispettare tutte le regole idonee al miglior funzionamento possibile della comunità; in compenso ha diritto a un dividendo, che nella nostra società si può condensare come norma che garantisce ad ogni socio gli strumenti per procacciarsi un reddito e a godere con la massima estensione di quel privilegio che è chiamato *qualità della vita*. Ma torniamo alla ricchezza, a quella di uno stato, a quella del nostro in particolare che a detta di molti sarebbe ricco. Chissà perché non mi ero mai accorto di esserlo? Forse perché anche nei paesi più ricchi ci sono ampie sacche di povertà e di miseria e a me è toccato di vivere nella parte sbagliata, comunque credo che sia il caso di valutare con i nostri mezzi se il nostro paese è veramente ricco. Voi credete che possa definirsi ricca, una famiglia che ha debiti che ammontano a due anni del proprio reddito e che continuano ad aumentare di anno in anno? Mi viene il dubbio che il nostro sia un tenore di vita drogato, ottenuto facendo debiti che dovranno pagare le generazioni che devono ancora nascere, a meno che il meccanismo non si inceppi prima e allora il nostro tenore di vita sarebbe largamente rimaneggiato, ricollocandoci improvvisamente nella molto dura realtà. Ognuno di noi, allo stato attuale spera che ciò non accada, magari facendo gli scongiuri, o affidamento sulla fortuna, quindi il nostro benessere è affidato unicamente alla fortuna di noi contemporanei e alla tragedia di coloro che devono ancora nascere. Fortuna e sfortuna che è nelle nostre mani e che con le nostre azioni immediate e future saremo in grado di stimolare o sfuggire. Ma, torniamo ancora una volta alla nostra capacità di produrre ricchezza. Per quanto riguarda le materie prime siamo largamente dipendenti, di conseguenza per acquistarle dobbiamo avere la capacità di trasformarle, per poi rivenderle con un surplus che sia sufficiente a garantire un tornaconto a coloro che le manipolano. Sfortunatamente non siamo soli nel mercato e quindi i nostri prodotti devono essere anche concorrenziali. Ci sono svariati modi di essere competitivi, uno dei quali è quello di produrre meglio degli altri, offrendo cioè, un prodotto di qualità superiore, o che gli altri non sono in grado di produrre, ma per farlo è necessario essere all'avanguardia nella ricerca e nell'avanzamento tecnologico. Un altro modo di produrre, che offre risultati sempre più precari, che c'impone di competere con una platea molto più vasta e agguerrita, è quello di offrire manufatti più scadenti a costi molto più contenuti. Ne consegue che la remunerazione per questi prodotti sarà sempre più esigua e che quindi il personale impiegato in questa operazione sarà scarsamente retribuito.

Il nostro paese è una repubblica fondata sul lavoro, in conseguenza del riconoscimento della scarsità delle nostre risorse, giocoforza dobbiamo affidare alla trasformazione di quelle che acquistiamo, il ricavo necessario a sostenere tutte le attività idonee a rendere decorosa la vita degli individui e delle istituzioni. Credo che tutti sappiamo che per trasformare le materie prime in prodotti finiti sono necessarie energia e risorse umane, anche dopo la continua trasformazione tecnologica, con la quale ininterrottamente si espelle forza lavoro. Risorse umane e ingegno, ricerca, energia, per non accontentarsi delle briciole, e una classe dirigente che sia in grado di governare al meglio, nell'interesse di tutti, sacrificando se necessario quello del singolo, qualora stridesse col collettivo, o che nel lungo periodo possa risultare dannoso o improduttivo. E sì, perché chi governa deve essere lungimirante, capire che le scelte odierne possono avere conseguenze anche devastanti nel prossimo futuro, e se la classe dirigente governerà nell'interesse di tutti, creerà anche coesione sociale, anche consenso. Ora ammettiamo per ipotesi che per le ragioni più disparate, in una zona del nostro paese si crei la piena occupazione. Se le classi lavoratrici di quella determinata zona non intendono protrarre l'orario delle loro attività oltre quello cui dedicano già il loro impegno, non avrebbe senso accettare altre commesse, perché il lavoro non può essere fine a se stesso, perché lo scopo principale del lavoro non può essere quello di produrre reddito, ma di soddisfare i bisogni delle popolazioni che risiedono in un certo territorio, perché le nostre attività in un modo o nell'altro, tutte, erodono una porzione di bene ambientale, anche quando noi siamo particolarmente sensibili a tale materia. Quindi andrebbe tutelato l'interesse collettivo a scapito di quello dell'imprenditore che volesse ingrandire la propria attività. Chi governa, ha il dovere di imporre delle linee di condotta, deve avere la capacità di programmare, quindi dovrebbe imporre all'imprenditore appena citato, nel caso egli si ostinasse a voler espandere la propria attività, di delocalizzare la propria azienda ed utilizzare in essa i lavoratori che ancora non hanno trovato occupazione, in modo tale da permettere anche a loro di concorrere attivamente al godimento dei loro diritti e dei loro doveri. Il nostro paese per quanto sia povero di materie prime, in fatto di forza lavoro è un'autentica miniera e nel corso della storia ne ha sempre esportato. Questo per quanto riguarda il passato ed ancora oggi nel centro sud, dove intere generazioni non hanno mai potuto godere del diritto dovere di partecipare attivamente alla formazione dello stato. Problema annoso il nostro, di cui si è parlato molto ma che non è mai stato affrontato in maniera strutturale, trasformando in questo modo una potenziale ricchezza in un peso per coloro che lavorano e che devono contribuire al fabbisogno dello stato. Dal dopoguerra in poi, intere generazioni di uomini e donne si sono trasferiti nel nord del nostro paese, alla ricerca degli strumenti necessari alla sopravvivenza che non gli venivano garantiti dove risiedevano. Hanno fornito forza lavoro ed hanno creato ricchezza e col tempo si sono integrati in quel tessuto sociale, anche se l'accoglienza non è stata delle più calorose, anche se venivano trattati come una classe inferiore, pur appartenendo allo stesso paese. Un fiume di persone si sradicava dalle proprie consuetudini consolidate per recarsi in luoghi ostili. Dal sud verso il nord, ma non erano soli, anche il nord est del nostro paese a quei tempi era nelle stesse medesime condizioni, anche se poi la situazione è cambiata, anche se sono stati favoriti dalla posizione geografica. Ciò detto, si sarebbe portati a fare delle equivalenze che ci indurrebbero in errori macroscopici: forza lavoro = ricchezza. Questa proporzione si avvicinerebbe di molto alla realtà, qualora si potesse realizzare la piena occupazione in tutte le fasce d'età, perché tutti potremmo concorrere al fabbisogno dello stato e al nostro sostentamento, quindi, in quelle condizioni il nostro paese sarebbe ricco. Purtroppo esistono dei passaggi obbligati per la stragrande maggioranza di noi e delle incognite dovute al nostro libero arbitrio, per cui ognuno agisce in base alle proprie convinzioni e alle opportunità. È stato calcolato che il modo migliore per andare a pieno regime, per uno stato, è quello che si prospetta quando l'incremento demografico non super i tre figli ogni due coppie di persone. In questo modo lo stato non è costretto ad imporre balzelli troppo elevati per garantire i diritti primari: asili nido, istruzione, sanità, giustizia, trasporti, etc.

Lo stato, nel recente passato, in seguito alla pressione della classe lavoratrice, che voleva garantirsi condizioni decorose anche in circostanze sfavorevoli, ha messo a punto tutta una serie di prelievi il cui scopo è quello di garantire non solo il funzionamento della macchina amministrativa, ma anche di colmare le carenze e i bisogni di coloro che per le più varie ragioni si trovano in difficoltà, o che non possono soddisfare col reddito procacciato dal nucleo famigliare: il diritto all'istruzione, l'assistenza medica e così via. Anche se il prelievo che viene effettuato dal nostro reddito può sembrarci sproporzionato rispetto a ciò che abbiamo in cambio, ciò è dovuto unicamente a una cattiva comunicazione tra noi e le istituzioni. Dobbiamo metterci nell'ottica di capire che il forziere dello stato viene colmato dal nostro contributo e che ad ogni nostra richiesta di servizi, automaticamente aumenta il prelievo dalle nostre risorse. Facciamo degli esempi.

Come primo esempio prendiamo la famiglia tipo: padre e madre con due figli a carico, che lavorino ambedue i componenti la coppia. Ora ammettiamo che il loro reddito netto complessivo ammonti a 2500€ e che il prelievo, tra ciò che viene detratto dalla busta paga e quello che versa per loro conto il datore di lavoro, ammonti a 3000€ mensili. Una parte consistente di questo prelievo è destinato a garantire la pensione al lavoratore, una volta che egli avrà concluso la propria attività. Recentemente è stato reso noto che il comune di Roma spende 820€ al mese per mantenere un bambino all'asilo nido, quindi se i figli della nostra coppia non sono ancora in età scolare, eroderanno al contributo da loro versato 1640€. Le cose cambierebbero di poco se i figli frequentassero la scuola dell'obbligo o l'università. A questa spesa bisogna aggiungere quella pro-capite per l'assistenza medica che ci garantisce lo stato, che di là dal fatto che funzioni bene o male, comunque richiede somme ingentissime, di parecchie migliaia di euro pro-capite all'anno e di cui dovranno usufruire tutti i componenti famigliari. A questa bisogna aggiungere il mantenimento della giustizia, delle forze dell'ordine, della difesa e tantissime altre più o meno utili. Comunque, è probabile che in questo caso ci sia un bilancio positivo tra il dare e avere, anche perché la nostra coppia, nei suoi consumi verserebbe allo stato altre somme: l'IVA, le tasse sulla benzina, e molte altre che contribuiscono a colmare il paniere dei prelievi statali.

Ora, la composizione dei nuclei famigliari è molto variegata e quindi non è possibile rappresentare tutte le ipotesi e non sarebbe utile al nostro ragionamento sulla ricchezza.

Il secondo caso che voglio rappresentare è quello di una famiglia monoreddito con cinque figli a carico. Adoperiamo gli stessi parametri per quanto riguarda il reddito e cioè 1500€ mensili di prelievo complessivo, anche se in questo caso gli sgravi ridurrebbero di parecchio tale somma, ma non teniamone conto, consideriamolo un contributo a favore delle categorie più disagiate. È evidente che in questo caso, se il nostro nucleo famigliare tiene i figli rispettivamente, a scuola e all'asilo, che il suo bilancio è di gran lunga in passivo, tra ciò che versa e riceve; ma non basta, in conseguenza del fatto che il reddito percepito, rispetto al numero di persone da sostenere è troppo esiguo, difficilmente potrà accedere all'acquisto di una casa e quindi sarà lo stato a doversene occupare, per questa e per tutta una serie di esigenze che sono previste dalla società in favore delle classi più disagiate. Ultimamente nel nostro paese si è insediata anche un'altra figura sociale, o antisociale che si voglia chiamare, quella dei clandestini, che per la loro stessa ragion d'essere non contribuiscono in alcun modo al fabbisogno dello stato, che però possono accedere ai suoi servizi, caricandoli di un ulteriore sovraccarico. Chi deve colmare il divario? I lavoratori che ancora non hanno famiglia né sgravi fiscali, le aziende e quei fortunati che percepiscono redditi molto alti, per cui contribuiscono con somme tali che non avranno mai servizi adeguati, e se questi contributi non dovessero bastare, allora si ricorrerà ad un altro stratagemma: l'incremento del debito pubblico a carico delle generazioni future.

A questo punto è necessario esaminare per sommi capi come si forma la retribuzione di un lavoratore, quali siano le voci di cui deve tenere conto un imprenditore quando acquisisce una commessa, per formulare un'offerta che sia allo stesso tempo remunerativa e concorrenziale. Egli deve tenere conto dell'ammortamento della struttura entro cui si svolgono le attività lavorative dei suoi dipendenti, delle macchine con le quali operano, dell'energia necessaria a farle funzionare, delle materie prime, delle retribuzioni e del contributo che deve fornire allo stato. Queste sono le voci principali alle quali se ne possono aggiungere ancora altre, come ad esempio la retribuzione del personale non addetto direttamente alla trasformazione, ma che svolge attività di supporto, di carattere impiegatizio o altro, come ad esempio il costo dell'eventuale pubblicità, o le possibili tangenti che talune volte è necessario sborsare per acquisire certe commesse. Nella voce che riguarda la retribuzione dei propri dipendenti , l'impresario deve tenere conto di servizi di carattere sociale che offre in seguito a rivendicazioni ed a contratti aziendali, quali mensa, o altri servizi che egli ha pattuito con le organizzazioni sindacali interne. Questi servizi sono il frutto di un patto che ha come scopo una relazione amichevole tra le parti e condizioni più stimolanti per uno svolgimento sereno delle attività lavorative, quindi una qualità superiore. Come in tutte le altre attività umane, però, ogni imprenditore ha una sua filosofia di impresa e se egli si intestardisce a voler tenere basso il costo del lavoro, può essere concorrenziale e costringere in questo modo ad un'involuzione anche il primo, se vuole esercitare ancora il suo mestiere. Le variabili sono infinite ma tutte entro i margini ristretti della retribuzione, non potendo incidere sulle altre voci che sono indipendenti dalla volontà del singolo. Chi è all'avanguardia, ed ha scelto questa filosofia produttiva, si tutela con aggiornamenti tecnologici costanti che lo salvaguardano da imprevisti come quello citato. Ciò detto, per quanto riguarda le attività esercitate alla luce del sole, riconosciute! Ci sono anche individui che pur di essere concorrenziali e rendere allettante la loro offerta, cercano delle scappatoie che gli consentano di abbattere i costi, ed essendo gli spazi di manovra molto esigui, si finisce immancabilmente col giocare ancora una volta, non solo sulla retribuzione dei lavoratori, ma anche sui contributi da versare allo stato, e a tale scopo svolgono le loro attività in nero.

L'affrancamento delle regioni del nord est del nostro paese dalle condizioni di miseria e di disoccupazione in cui riversavano fino agli anni settanta e oltre, a quanto mi è dato di sapere, ha avuto origine in situazioni di estrema concorrenza, e in conseguenza di quel successo si è esteso a tutto il territorio nazionale. Lavoratori occupati in fabbrica, che ambivano migliorare la propria condizione, hanno incominciato la loro attività sacrificando il tempo libero, dopo aver acquistato macchinari usati che sistemavano nelle loro cantine. Lavorando dieci, quattordici ore al giorno, abbattevano drasticamente i costi del lavoro, divenendo in questo modo altamente concorrenziali e calamitando verso di loro una quantità imponente di ordinazioni. Questa filosofia ha rappresentato il successo di queste piccolissime aziende e quindi non poteva mutare, una volta che si erano create le condizioni di crescita e di sviluppo. A quel punto, per rispondere all'incremento degli ordini dovevano ingrandirsi, di conseguenza impegnarsi nella ricerca di personale da impiegare nelle loro attività. In prima istanza avevano pensato di attingere all'ormai collaudata ed inesauribile sacca di disoccupazione del meridione, ma ciò doveva avvenire con modalità tali da non compromettere il vantaggio di produttività che era all'origine del loro successo. I costi di produzione dovevano essere bassi, quindi avevano bisogno di mano d'opera che accettasse remunerazioni estremamente limitate e un orario prolungato: dieci, dodici, quattordici ore lavorative. Avevano bisogno di mano d'opera, ma il salario che prospettavano, non era sufficiente a causa dell'alto costo della vita locale, per consentire una vita decorosa a coloro che accettavano tali proposte. Per sopravvivere loro e le loro famiglie, avrebbero dovuto adattarsi a ritmi lavorativi che li escludevano da tutte le attività sociali e ricreative, costringendoli a una vera e propria servitù. La soluzione venne individuata richiamando manodopera straniera e ciò avvenne senza che gli organi di governo valutassero in maniera ponderata tutti i possibili risvolti. Per sapere quali siano state le conseguenze bisogna parlare con i residenti e noi stessi dobbiamo confrontarci con questo fenomeno che poi si è incancrenito di la da ogni logica. Può darsi che le aziende succitate, in seguito ad eventi verificatisi senza alcuna programmazione, abbiano contribuito a migliorare il tenore di vita degli abitanti locali, però a noi interessa una valutazione complessiva. Il benessere non si può quantificare con la semplice constatazione che un piccolo imprenditore può permettersi l'acquisto di un'auto di grossa cilindrata, magari dopo aver impiegato tutte le sue ore disponibili attaccato a una macchina. Non è questo il nostro concetto di benessere. Noi dobbiamo valutare la qualità della vita, se vale la pena di vivere in luoghi dove è necessario edificare barriere per impedire che individui che vi si sono insediati senza alcuna logica, possano, con le loro attività ed il loro modo d'essere, creare scompiglio tra i locali. Noi dobbiamo valutare i costi complessivi, quelli di cui non deve farsi carico il privato ma la collettività e stabilire se gli introiti coprono le spese. Anche quando gli individui che raggiungono il nostro paese sono persone per bene, animati dalle migliori intenzioni, comunque arrivano con famiglie numerose al seguito, che col loro contributo, come abbiamo potuto verificare, sono un costo e non una risorsa per lo stato. Sono un costo che paghiamo tutti noi, che paga il meridione del nostro paese, che pagano o che dovranno pagare anche i lavoratori locali, perché in futuro dovranno adeguarsi a simili condizioni se vorranno entrare nel mondo del lavoro. Si potrebbe obiettare che in ogni caso queste vicende hanno fatto migrare un'area del nostro paese dalla povertà al benessere, ma di quali soggetti? Non certo della collettività, che ha visto peggiorare in maniera esponenziale la qualità della vita. Il problema poi, è che certi atteggiamenti si consolidano nel tempo e logorano le basi per le quali le persone convivono in armonia, e se in taluni casi la drastica riduzione dei costi è un elemento indispensabile per acquisire ordini di lavoro, quando queste consuetudini si consolidano, anche là, dove i margini di guadagno sono molto gratificanti, si ricorre egualmente a sistemi odiosi di sfruttamento. Si può verificare a questo punto ed è una realtà, che lavoratori stranieri s'insedino nel nostro tessuto produttivo ed accettino condizioni di autentico schiavismo, esercitando all'interno del luogo di lavoro tutte le loro funzioni, senza mai abbandonare quei luoghi. Lo sfruttamento elevato alla massima potenza, in questi casi viene esercitato sia da parte dei diretti datori di lavoro, che per rientrare nei costi devono imporre condizioni disumane ai propri subalterni, sia da parte di coloro che gli affidano la fabbricazione dei manufatti, imposti a condizioni di strozzinaggio, per praticare poi rincari di dieci, quindici volte il prezzo d'acquisto, al momento della vendita. Guadagni così allettanti fanno in modo che almeno volontariamente, non ci sia mai più un rientro nei limiti che una civile convivenza considererebbe leciti e lo stato del resto non può affidarsi al senso civico delle persone per vedere rispettate le regole, senza le quali vengono minate le fondamenta stesse della società. Chi governa deve anticipare questi comportamenti e impedirli prima che entrino nel normale modo di operare, prima che lusinghino l'egoismo di persone senza scrupoli. I fatti accaduti non si sarebbero verificati senza un'autentica invasione seguita con benevolenza dalle nostre autorità, che hanno messo in atto un'infinità di sanatorie atte a legalizzare comportamenti illeciti da parte di coloro che entravano clandestinamente nel nostro paese. Si direbbe che è stato un evento organizzato di proposito per spuntare gli artigli dei lavoratori locali, ricattandoli attraverso un inquantificabile disponibilità di forza lavoro nel mercato.

"Più si allarga la sacca di disoccupazione e più saranno ricattabili anche coloro che lavorano."

È una legge di mercato che ormai conoscono anche i bambini, e che sarà un handicap che ci porteremo sulle spalle chissà per quanti anni. Questa situazione, che può apparire del tutto normale a coloro che non hanno una coscienza dello stato, fa pervenire ad amare considerazioni chi guarda gli avvenimenti nella loro prospettiva; in primo luogo per quanto riguarda la prevaricazione delle basi stesse della convivenza civile. Chi si candida ed è eletto a governare uno stato, oltre al fatto che molto spesso non è in grado di svolgere in modo adeguato nemmeno i compiti che gli riservano la carica di cui è investito, quasi sempre vuole strafare ed anziché occuparsi della gestione oculata della società di cui è parte integrante, vuole divagare per motivi di prestigio negli affari internazionali, nonostante la storia passata e recente abbia dimostrato ampiamente che solo gli interessati sono in grado di risolvere al meglio i loro problemi. Anche noi, per quanto sia ancora piuttosto imperfetta la società nella quale operiamo, ci siamo conquistati tutto, nulla è stato calato dall'alto. Con l'esperienza e con la ragione abbiamo preso atto che per una convivenza che non sia troppo conflittuale bisogna garantire a tutte le componenti sociali il diritto a procurarsi i mezzi di sussistenza, che in altri termini potremmo definire *dividendo*, che spetta ad ogni socio di una società. Quando una società può privilegiarsi di garantire a tutti, questi mezzi, ha raggiunto la base minima per un'evoluzione armonica. Ma qual è al giorno d'oggi lo strumento che permette al singolo individuo di procacciarsi i mezzi di sussistenza? *È il lavoro!* Quindi, a questo punto possiamo affermare senza ombra di dubbio che il dividendo che ci spetta per essere parte integrante della società, per essere nati e cresciuti ed aver assimilato le consuetudini vigenti, è *il lavoro!* Ma, se il lavoro è il dividendo che spetta a ogni socio, a meno che la società non sia talmente ricca da garantirgli un reddito senza che lavori, e non è sicuramente il nostro caso, quale associato accetterebbe impunemente che il proprio dividendo venga distribuito a qualcuno che non ne ha diritto? Che a qualcun'altro venga assegnata la casa per cui si era messo diligentemente in coda, o per la quale aveva nutrito speranze, riposte non solo per il diritto appena esposto ma anche per aver contribuito fino a quel momento per il sostentamento dello stato? Che il servizio sanitario diventi ancora più carente perché deve garantire gli stessi diritti a chi non ha mai contribuito a sostenerne le spese? Si dirà che è una questione di civiltà. Può darsi, il problema è che la civiltà si dimostra in primo luogo rispettando le regole contratte con la collettività di una nazione. La solidarietà non può essere imposta, ognuno deve essere libero di destinare una quota delle proprie eccedenze a chi meglio crede, qualora lo voglia, ma non può essere discriminato nei suoi diritti in favore di chicchessia.

Ciò detto, vorrei sgomberare il campo da pregiudizi che potrebbero indurre qualcuno a conclusioni affrettate. Conosco molte persone che si fanno paladine degli immigrati, con molti dei quali sono in rapporti d'amicizia ed io stesso sono solidale con ogni individuo che si trovi in difficoltà, ma mi sforzo di non mandare mai la ragione in vacanza e ogni volta che mi capita di riflettere sull'argomento traggo le medesime conclusioni: non esistono le condizioni affinché noi possiamo ospitarli; tuttavia, nessuno può impedire alle persone di buon cuore di accoglierne qualcuno in casa e di occuparsene, sarebbe un'opera benemerita. Altra questione è dichiararsi favorevoli al loro ingresso e stare a guardare dalla propria condizione di privilegio, scansando ogni contatto, perché ciò significa mandarli a casa d'altri e più esattamente in quella dei meno abbienti, con i quali dovranno competere per la sopravvivenza. Altro pregiudizio da sfatare, a mio avviso, "quando capita di conversare con chi ne assume la difesa a prescindere, essi lo lasciano intendere," che gli immigrati siano tutti brava gente. Sono come noi, né più bravi, né più cattivi e come noi, quando capita, cercano di approfittare della situazione. Credo che tutti sappiano che portarsi nel nostro paese è estremamente semplice. Lo fanno in tanti da tutto il mondo, con i normali mezzi di comunicazione e sono la stragrande maggioranza di coloro che sperano di trovare una collocazione lavorativa e in seguito stabilirsi definitivamente da noi. Chi sono coloro che arrivano con i barconi? Se noi crediamo alla favola che siano profughi e perseguitati, possiamo anche credere che gli asini volano. Sono giovani, un'avventura possono metterla in conto. Sono informati. Sanno che una volta arrivati con quei mezzi, loro non dovranno occuparsi più di nulla. Sanno che la soluzione dovremmo studiarla noi.

Sì, è vero, ogni tanto affonda qualche barcone. Qualche treno deraglia; qualche aereo cade, tante automobili tamponano, e a volte capita persino che le persone muoiano sul posto di lavoro.

P.S. Capita persino che certi malviventi decedano nella loro attività criminosa.

I diritti

Nei paesi che s'identificano in quella che essi stessi chiamano *civiltà occidentale*, ci si fa un gran vanto nel dichiararsi *liberi*. La **LIBERTÀ**, tra i diritti, è sicuramente la più importante, perché quando sussiste veramente, non possono essere gli altri a concederceli, ma siamo noi stessi che ce li accordiamo, infatti, nel momento in cui dovessimo chiedere la concessione dei diritti ad un'autorità, già non saremo più liberi. La libertà vera, però, non consiste nel possedere degli oggetti o una vettura per i nostri spostamenti, una persona è libera nel momento in cui ha capacità di giudizio, quando è consapevole e sa discernere tra le possibili opzioni quella che impedisce a coloro che con espedienti di ogni genere cercano di condizionarlo per ridurlo in condizioni di sudditanza; quando non deve sottostare a ricatti e non è costretto ad affiliarsi a un potente, o a svendergli il voto per ottenere un sostegno che gli permetta di godere dei suoi diritti.

Ci si provano in tanti a emanare sentenze, approfittando del ruolo che occupano, della loro visibilità; amicanti, sinuosi, con l'intento a volte neanche tanto celato di portare l'acqua al loro mulino, infischiandosene della coerenza e del proprio passato, quando, avendone la possibilità, hanno fatto esattamente l'opposto di quello che propongono a parole.

Il Papa, recentemente ha affermato che i diritti dell'uomo sono stati sanciti da mente divina ancora prima dell'inizio della sua storia, al momento stesso della comparsa sulla Terra. C'è da chiedersi a questo punto, come mai, essendo consapevoli di questa verità, questi diritti non sono stati riconosciuti a coloro che la chiesa ha dominato per così lungo tempo, in tutta la sua storia? Un'altra considerazione alla quale non possiamo sottrarci, vista la premessa, è che i diritti vengono riconosciuti solo ad una parte del genere umano, l'altra gli deve sottostare ed in questo modo perde gran parte dei diritti.

"Moltiplicherò le vostre miserie e gravidanze, procreerete nel dolore, sarete sottomesse all'uomo ed egli vi dominerà!"

Il papa, si sa, nel suo campo è insuperabile e quando si cala nelle lodi del signore non sta a lesinare ed è per questo che ha affermato per l'ennesima volta, che dal momento stesso del concepimento siamo degli individui a tutti gli effetti, che dio ci ama fin da quell'istante e che non si può sopprimere l'embrione senza scatenare la sua ira. Per la miseria! Possibile che l'ente supremo ci ami solo quando siamo all'interno dell'utero? Possibile che un'entità così potente non possa evitare che tanti dei suoi amati *esserini* nascano malati, malformati, con turbe di ogni genere, o che vengano affidati a genitori putativi veramente indegni di allevare una prole?

I diritti umani, sono un privilegio talmente recente che ancora noi non abbiamo imparato a conviverci. Fino a pochi anni fa, il datore di lavoro, vero e proprio <u>padrone</u>, aveva persino il diritto di picchiare il dipendente e la chiesa la considerava cosa giusta!

Ci hanno cresciuto cantando le lodi del <u>creato</u>, dicendo che esprimeva la perfezione divina, che tutto ciò era stato fatto per noi, per il nostro benessere. Abbiamo riflettuto che siamo capitati su un mondo ostile? Periodi di freddo inclemente alternati da caldo insopportabile, terremoti, alluvioni, frane, maremoti, eruzioni vulcaniche, carestie, malattie d'ogni genere, sofferenze tra le più atroci, la morte. Questo è quello che ci ha elargito il nostro ipotetico creatore! Da quando siamo calati sulla Terra, nulla ci è stato regalato, ci siamo conquistati tutto, a discapito di tutti gli eventi che ci sono capitati, delle distruzioni, dei fallimenti, ricominciando da capo innumerevoli volte.

Un miracolo, se dovessi credere ai miracoli, la nostra sopravvivenza. Immaginate come doveva essere misero e indifeso il primo essere umano. Egli era nudo e inerme di fronte alle intemperie e alle altre agguerrite specie, costretto a lottare per superare ogni ora, ogni minuto quelle insidie. Con l'occhio e l'orecchio vigile, attento al più impercettibile rumore; e che angoscia quando nel buio della notte comparivano occhi lucenti di predatori che già avevano fiutato il suo odore. Come doveva difendersi quel misero uomo? Invocando il buon dio che l'aveva creato, o dando fondo a tutte le sue energie, a tutte le sue astuzie, in quelle lotte furibonde? Era solo e senza mezzi che non fossero quelli rudimentali di qualche pietra o dei rami caduti. Una vita di stenti, trascorsa alla ricerca del cibo e di qualche rifugio sicuro, e in quelle circostanze che hanno favorito sicuramente ogni tipo di superstizione in seguito a osservazioni sbagliate, quel miserabile uomo ha cominciato a venerare gli elementi della natura. Il tuono, il fulmine che lo atterriva, divinità feroci e sanguinarie come i suoi antagonisti abituali, da cui doveva difendersi tutti i giorni. Poi non è andata meglio, il più forte ha sempre dominato la scena, arrogandosi, egli sì, il diritto di vita e di morte sui propri sudditi, impersonando al tempo stesso il potere divino e quello temporale. Un lunghissimo cammino di sofferenze per i più, fino ad oggi, ed ancora non è finita. Nella sostanza le regole non sono mutate e anche quando non è l'uomo stesso l'artefice delle proprie sofferenze, ci pensa la natura a ridimensionarlo: microbi e batteri, le malattie più bizzarre in continua evoluzione ci castigano continuamente. Loro dicono che sia la punizione divina per la nostra malvagità, ma pagano forse i malvagi?

Di cosa siano i diritti possiamo rendercene conto ad ogni piè sospinto. Tutt'ora non ci sono diritti se non riusciamo a reperire risorse che li consentano. Come sarebbe possibile avere diritto alla giustizia, se non ci fossero le risorse per sostenere le forze dell'ordine che catturano i malvagi e i giudici che li condannano? Come sarebbe possibile avere il diritto alla salute, all'istruzione, se

non ci fossero le risorse per costruire scuole e ospedali e per pagare medici e insegnanti? Queste risorse, manco a farlo apposta le
reperisce l'uomo, e così anche quelle necessarie al mantenimento
del clero, che cerca di sminuire le sue peculiarità. Ma non basta,
non è sufficiente scrivere i diritti su un foglio di carta perché questi
si realizzino, e non basta acquisire un diritto perché questo riman-
ga inalterato nel tempo. È sufficiente che cambino le condizioni, o
i rapporti di forza, perché si possano perdere diritti acquisiti e consolidati; o anche che ci rechiamo in paesi nei quali certi diritti non
sono stati mai riconosciuti. Questo può accadere a noi qualora dovessimo trovarci incriminati per reati che da noi non sono considerati tali, o ad altri ai quali nei loro paesi è riconosciuto il diritto a
percepire un assegno di mantenimento quando rimangono senza
occupazione, che nel nostro paese non gli verrebbe riconosciuto. I
diritti sono quelle pratiche basilari che un popolo si conquista,
quando col ragionamento prima e con le risorse poi, è in grado di
garantirsi. I diritti, quindi, come la pace e il benessere si acquisi-
scono col lavoro, i sacrifici, l'impegno delle genti a voler migliorare
le proprie condizioni di vita; con l'emancipazione e la capacità di
prevedere l'esito delle proprie azioni. Chi arriva ed è accettato a
sedere ad una tavola imbandita, non è quasi mai in grado di valutare gli sforzi che sono stati necessari per allestirla; se gliene verrà
data la possibilità, arriverà ogni volta al momento del pranzo o della cena, senza concorrere ad imbandirla. La nostra mensa quotidiana, così come il nostro tetto, e tutti i beni e i privilegi di cui possiamo godere, sono il frutto di sudore e sangue di intere generazioni. Niente viene calato dall'alto, e non è una questione di fortuna, come asseriscono molti privilegiati la cui posizione, indipen-
dentemente dall'impegno che hanno profuso per raggiungerla, era
scontata in conseguenza della loro appartenenza ad una casta. Già
queste persone ricevono molto di più di quanto danno ed in conseguenza di questo sono generosissimi nell'elargire i beni altrui,

senza intaccare mai i loro averi ed i loro privilegi. Queste persone sembrano ignare di quanti sacrifici siano stati necessari per sollevarci di qualche palmo dalla condizione di estrema indigenza in cui vivevamo fino a cinquant'anni fa, ed inconsapevoli del fatto che, se non sapremmo amministrare con oculatezza i nostri beni, non ci vorrà molto a tornare alla condizione di allora, o peggio. Noi non siamo tenuti a rendere partecipe chicchessia, al godimento del frutto dei nostri sacrifici e di quelli delle generazioni che ci hanno preceduto, anzi, dobbiamo custodirli gelosamente per tramandarli a chi verrà dopo di noi. Non vogliamo escludere nessuno, ognuno col proprio lavoro ed il proprio sacrificio, potrà creare le condizioni che gli sono congeniali nel proprio paese e godere o pagare lo scotto per le proprie scelte. Non abbiamo doveri, semmai, se in alcuni settori abbiamo delle conoscenze che potrebbero spianare la via per una loro piena autosufficienza, credo che sarebbe interesse comune renderle disponibili. Quando tutti i popoli impareranno ad essere autonomi ed autosufficienti, solo allora ci sarà rispetto reciproco, amicizia, scambio culturale, armonia; collaborazione verso l'ulteriore miglioramento delle condizioni umane.

Non è sicuramente questa la situazione che si auspicano le autorità religiose, che traggono profitto nella sofferenza dei popoli. Il rappresentante di Cristo sulla Terra, nel tentativo di sostenere con ulteriori argomenti le sue affermazioni e le ragioni della fede, sostiene che il mondo sarebbe una catastrofe se l'uomo si liberasse dal giogo delle religioni e che in conseguenza di questa eventualità, la violenza lo pervaderebbe. Evidentemente non eccelle in fatto di memoria storica, o fa di tutto per oscurare quello che sono state le crociate. Non mi risulta che fino ad oggi nella storia dell'uomo ci siano state delle violenze tra atei. Tutte le guerre e le sopraffazioni, quando non sono state condotte in nome delle religioni, hanno trovato giustificazioni o appoggio morale in quelle pratiche. Tutti coloro che le hanno propugnate si proclamavano convinti assertori delle religioni, o chiamavano il popolo alla lotta in nome di qualche divinità. Tutti i diritti sono stati calpestati con la giustificazione della guerra santa e giusta, quelli individuali e quelli internazionali e mai ci sono stati torturatori più spietati di quelli della santa inquisizione, che ancora oggi rimangono insuperati.

L'integrazione

Nel corso della storia, è inutile negarlo, in conseguenza dei motivi più disparati, le genti hanno migrato in gran numero da una zona all'altra del pianeta, alla ricerca di luoghi adatti ad affermare le loro ambizioni e il soddisfacimento delle proprie necessità. Ora, dopo questa premessa saremo portati a credere che essendosi consolidata nel corso dei secoli, questa pratica debba perpetuarsi all'infinito. Se noi acconsentissimo questo presupposto, il risultato sarebbe quello di accettare la condizione di non poter mai più pianificare le società del futuro, o almeno di poterlo fare con metodi democratici. Il presupposto per esercitare la democrazia, infatti, è il consenso. Il consenso minimo della maggioranza dei soci di una società, che in altri termini si chiama popolo. Mettere insieme una maggioranza, che, lo ripeto, è la base minima per governare democraticamente, presuppone una certa omogeneità culturale ed interessi condivisibili, qualità sempre più rare, se osserviamo con un minimo di attenzione i risultati elettorali anche in democrazie consolidate, che devono ricorrere ad espedienti per coagulare il consenso necessario per governare. Queste conclusioni devono averle tratte anche le menti finissime dei potentati economici che si propongono di governare il pianeta e delle cui decisioni riusciamo a scorgere appena la punta dell'iceberg. Cosa hanno concluso in realtà? Che il mondo non può andare avanti in questo modo e si sono posti l'obiettivo di governarlo loro in maniera autoritaria. Non sono sicuramente personaggi ignoranti e sanno benissimo che nel corso della storia le dittature sono sempre state abbattute, con epiloghi poco piacevoli per i dittatori. Ebbene, qual è il soggetto che in tempi più o meno brevi, o dopo grandi patimenti ha abbattuto la dittatura? È il popolo. I popoli non sono una cifra dalla quale possiamo dedurre il numero degli abitanti di una data zona geografica. Il popolo è una entità viva che è maturata nel corso dei secoli coagulando esperienze ed ideali comuni. Un'entità dinamica che costruisce giorno dopo giorno, gradino dopo gradino il proprio futuro, il proprio destino. Qual è il progetto? Disgregare i popoli. Alcuni per rapinarli più facilmente delle loro risorse, altri allo scopo di impedirgli per sempre un coagulo che li possa mettere insieme contro di loro. Ecco cos'è l'immigrazione attuale. È il frutto di un progetto. Lo sradicamento delle forze più giovani da territori da depredare e da utilizzare per frantumare le vecchie società use alla democrazia e al rispetto delle regole per la convivenza civile. L'immigrazione non è spinta dalla miseria e ancora meno dalle guerre, nelle quali soggetti così giovani avrebbero un ruolo da protagonisti. Sono guidati, se così possiamo affermare, da messaggi ad acta su internet e con strumenti ancor più sofisticati, con promesse, che rimarranno tali, di una vita vissuta alla grande, rappresentata dalle nostre televisioni. Sono chiamati e guidati dai nostri governi venduti alle multinazionali e alla grande finanza che gli ha ordinato di tarpare le ali alla classe lavoratrice, in modo da renderla disponibile a un asservimento sempre più marcato. Se non ci fosse da piangere ci sarebbe da ridere alle continue sollecitazioni in favore dell'integrazione. Basta guardarsi intorno. Qual è la realtà dei fatti? Che si è insinuato un corpo estraneo in un organismo già sofferente, logorato da una crisi sistemica creata allo scopo di cambiare le regole del gioco e cancellare la nostra cultura e la solidarietà sociale che era nostro vanto fino a non molto tempo fa. Non ci sarà mai integrazione ed è ciò che si auspicano anche le forze di cui ho accennato, in modo tale che un blocco permanete impedisca propositi velleitari alle classi subalterne. Del resto era chiaro già da subito che la libera circolazione delle genti e delle merci conduce i popoli a un'involuzione marcata delle regole per la convivenza civile e più precisamente ad amministrazioni autoritarie.

Anonimo Eroe

Mi è capitato, come credo sia successo a tutti nell'arco della propria esistenza, di incontrare delle persone del tutto normali, forse persino mediocri per certi aspetti ma che eccellevano per altri. Non erano molto brillanti, ma in fatto di volontà, presumo di essere banale ma non posso che definirla ferrea e quando si ponevano un obiettivo, imperterriti, qualsiasi cosa dovesse accadere non demordevano da esso. Noi miserabili, che col lavoro ci guadagnavamo il diritto ad emulare in scala ridotta coloro che da generazioni potevano permettersi un certo tenore di vita, approfittavamo di ogni occasione per toglierci quelle piccole soddisfazioni che rendevano più accettabile la nostra esistenza, facendo veri e propri salti mortali per organizzarci le ferie, studiando con cura maniacale la maniera di inserire i permessi tra i festivi, in modo da raggrupparli e trascorrere giornate piacevoli e spensierate con parenti ed amici. Loro no, dovevano raggiungere l'obiettivo che si erano prefissato, che molto spesso era la costruzione della propria casa, quindi tutte le loro energie le investivano in tale direzione. "Cosa fai domani?"
Ci chiedevamo all'uscita dal lavoro il giorno antecedente il riposo settimanale, e tutti sciorinavano i programmi che avevano in serbo, ma il nostro collega martire, lui non demordeva. Aveva quasi una sorta di pudore. Quasi si vergognava, a spogliarsi davanti agli altri, tanto era bianco, rispetto ai colleghi che rientravano dopo essersi arrostiti al mare. Lui non desisteva e subiva un doppio martirio, quello della rinuncia e delle nostre battute sarcastiche; coltivando forse in cuor suo una rivincita che non sarebbe potuta mancare. Non batteva ciglio quando il lunedì mattina ci vedeva stanchi e svogliati e lui che si era sfiancato dando il massimo di sé nei giorni festivi, considerava quasi un riposo, il rientro a lavoro e ci guardava con un'aria di commiserazione, e quando finalmente la

casa era terminata si metteva subito un altro obiettivo che noi consideravamo irraggiungibile. Capitava, a volte, che ultimata la casa, qualcuno con cui ero in buoni rapporti mi invitasse a visitarla, carico di orgoglio. Ne avevano tutte le ragioni, potevo prenderne atto personalmente, in quanto col loro sacrificio avevano raggiunto un obiettivo che per me era ancora irraggiungibile, ma non mi sfiorava nemmeno l'idea di invidiarli in qualche modo. Ero consapevole che quello che sarebbe diventato un privilegio da quel momento in poi, se lo erano guadagnato tutto. Non sto facendo delle grandi rivelazioni, perché come ho detto all'inizio, persone simili ne abbiamo conosciuto tutti ed ognuno di noi può giudicarle come vuole, in base alla propria cultura e al modo di concepire la vita; io però voglio rapportare simili comportamenti alla formazione degli stati, alle energie e alle risorse che sono necessarie per costruire le infrastrutture indispensabili per la sua organizzazione e per renderlo più consono alle nostre esigenze; a quello del nostro paese in particolare, alla cui formazione nel nostro piccolo abbiamo contribuito tutti. Che macello, se ci guardiamo indietro, se pensiamo a come siamo stati amministrati, e ai sacrifici che sono costati ad intere generazioni, prima per immaginare uno stato come quello in cui viviamo adesso, poi per unificarlo. Grazie a persone anonime che hanno lavorato e sacrificato la vita, non certo a miracoli, od interventi messianici; nel bene e nel male abbiamo messo insieme quello che abbiamo adesso, che è un po' meno di quello di ieri, perché chi ci amministra, come è avvenuto nell'arco di tutta la nostra storia, non fa che remare contro, ingozzandosi all'eccesso col frutto del lavoro altrui e favorendo amici e parenti per fare altrettanto, mentre gli anonimi eroi continuano imperterriti a sacrificarsi per sé e per gli altri. Noi, e i nostri antenati prima di noi, con grandi fatiche e molto spesso con il sangue, mattone su mattone abbiamo costruito una parte del nostro progetto che aveva fini ben più velleitari, anche se oggi i lavori sono praticamente fermi e questo grazie alla nostra classe dirigente, che rappresenta un vero e proprio tumore da estirpare al più presto. Non dobbiamo illuderci che sia una questione generazionale però, perché per come è congegnata la meritocrazia nel nostro paese, se domani dovessimo mandare in pensione tutta l'attuale classe dirigente che ha vissuto fino ad ora in maniera parassitaria, a sostituirli vedremmo figli, mogli, fratelli e nipoti, ancora una volta senza altri meriti se non quelli del nepotismo più spinto. Ma per il momento è meglio attenersi all'argomento, quindi tornare al nostro *eroe anonimo*. Ora immaginiamo che altre persone, con tutte le loro ragioni e giustificazioni, vivendo in una casa fatiscente e con scarse risorse economiche, trovandosi la casa del nostro collega alla loro portata, pretendano di andarci a vivere pure loro, considerando che ha dei vani nei quali loro potrebbero stabilirsi e che il proprietario invece usa solo per le sue comodità sporadiche. A questo punto finisce il nostro sforzo d'immaginazione e dobbiamo misurarci con la realtà, la nostra e quella di tutti coloro che vengono ad occupare i nostri spazi, perché la vita è più facile quando si trova già pronto quello che ci occorre. Non credo ci sia una sola persona al mondo che non si auspichi l'amicizia tra i popoli, lo scambio di esperienze e di cultura ed ancora meglio le conoscenze necessarie per renderci la vita più agevole, altra cosa è installarsi di prepotenza a casa d'altri perché non siamo in grado di gestire la nostra esistenza. Il mondo è diventato troppo piccolo e tutti abbiamo il dovere di regolare la nostra vita in modo tale che le nostre azioni non pesino sulle scelte degli altri, o che modifichino i loro progetti. Se gli individui non riescono a regolarsi all'interno della propria nicchia, a moltiplicarsi tenendo conto delle risorse che possono rendere fruibili e scaricano il frutto delle loro incongruenze all'esterno del proprio habitat, le cose non cambieranno mai; irresponsabili sono e lo saranno anche domani. Le genti ed i popoli devono imparare a risolvere le loro incongruenze, a staccarsi dal cordone ombelicale che li ha resi irragionevoli. Devono pagare lo scotto delle loro scelte, diversamente ci attende la catastrofe; perché prima saranno gli stati a pagare, ma poi, non sarà più possibile emigrare da un luogo all'altro e ancora meno dal nostro pianeta, quando lo avremmo reso sterile ed ingovernabile. Non è per un odio razziale e ancora meno xenofobo che spendo le mie energie in questi scritti, semmai per amore verso il nostro genere e per la stima che gli porto, e per le sue capacità razionali che deve sviluppare e mettere a frutto, perché solo in questo modo ci sarà ancora un futuro degno di essere vissuto.

La famiglia

Viviamo in un tempo in cui, una parte consistente della casta politica è fortemente impegnata nel fare da eco alle prese di posizione del potere ecclesiastico, che poi attraverso la cassa di risonanza dei mezzi d'informazione, ci martellano fino allo stremo. Strano paese il nostro, nel quale i media sono praticamente allineati tutti col potere dominante ed in queste condizioni non se ne capisce l'utilità. La sacralità della famiglia ci viene osannata, nonché proposta come l'unica forma di aggregazione umana auspicabile, ma non mi pare che siamo degli extraterrestri, è sotto i nostri occhi lo sfacelo che oggi essa rappresenta e se non l'aborriamo unanimemente, è solo per il fatto che noi ci siamo nati e cresciuti. Siamo tutti figli della famiglia ed abbiamo potuto constatare di cosa sia capace; di grandi gesti d'affetto e d'altruismo, è vero, ma anche e sempre di più, possiamo assistere a gesta istrioniche dei suoi componenti, tra le più autoritarie, violente, antisociali, omertose, mafiose, nepotiste, eversive! Tutte qualità che poi vengono proiettate e praticate dai medesimi individui nell'attività collettiva. Nonostante tutto ci ostiniamo a volerla sostenere contro ogni logica possibile. Ebbene, io non so quale sia la migliore alternativa alla famiglia così come la conosciamo, sono convinto che è una questione di evoluzione dei rapporti umani e quindi bisogna fare in modo che siano le genti a scegliere liberamente il modo di aggregarsi, senza premiare, né castigare qualcuno; alla fine si sceglierà lo forma migliore per il tipo di società nella quale viviamo e se sarà ancora una volta la famiglia a spuntarla, allora sarà in conseguenza della libera scelta dei singoli e non un'imposizione.

La democrazia

La *Democrazia*, per quanto non sia l'obiettivo massimo raggiungibile, in quanto rappresenta in un certo qual modo la dittatura della maggioranza sulle minoranze, è attualmente la massima espressione dell'evoluzione delle forme di governo che hanno amministrato i popoli fino ad ora. La democrazia è il vanto e l'orgoglio dei paesi occidentali che in essa si riconoscono, pur non essendo stata ancora attuata in nessuno di essi. Una *Democrazia*, per definirsi tale, deve amministrare gli interessi di un popolo con presupposti pratici e razionali, tesi al miglioramento costante delle condizioni sociali del singolo e della collettività, facendo in modo al contempo di lasciare degli spazi di manovra sufficienti ad ognuno per esprimere le proprie peculiarità, estendibili fino egli estremi margini nei quali hanno inizio gli interessi degli altri componenti la comunità. La *democrazia* non si può esportare, né tanto meno si può imporre, in quanto un popolo che non fosse sufficientemente maturo per vivere in una simile condizione, la vanificherebbe alla prima occasione. Noi possiamo spingerci ad immaginare forme di governo addirittura superiori alla democrazia, nella quale tutti si rispettano e vivono in armonia, dopo aver bandito armi e violenza. In una simile condizione sarebbe sufficiente un solo individuo violento e senza scrupoli per creare lo scompiglio; ciò detto per rimarcare che le nostre conquiste vanno difese e tutelate. Ma quali sono state fino ad ora le forme di governo che hanno caratterizzato la nostra storia? Per quanto sia mortificante per la ragione umana, dobbiamo prendere atto che fino ad oggi non abbiamo collezionato altro che governi autoritari: dittature feroci alternate da altre un po' aperte. Monarchie assolute, nelle quali il monarca aveva diritto di vita e di morte sui propri sudditi, e monarchie costituzionali, nelle quali si cominciava a riconoscere i diritti primordiali al singolo individuo. Governi autoritari, come dicevo, nei quali il privilegio delle caste veniva prima di tutto, ma che comunque, in qualche modo erano mossi dalla necessità di un minimo di evoluzione e di crescita, trascinati dall'avanzamento della scienza e della tecnica. C'è stato però, e persiste ancora in alcune parti del mondo, un modello di governo molto più odioso e autoritario, che mortifica le qualità umane e che fa della staticità delle consuetudini il suo pilastro portante. È la *teocrazia*, la quale parte dal presupposto che il creatore dell'universo ha stabilito le linee guida entro cui l'essere umano deve muoversi, di conseguenza non ci sono alternative al rispetto del suo volere, che non può essere contestato in quanto è il depositario della verità e della saggezza. Ogni volta che questo tipo di governo si è imposto in qualche parte del mondo, il cammino dell'uomo non solo non è progredito ma si è avviato verso un'involuzione che ne ha segnato irrimediabilmente il corso. Le società che oggi ambiscono ad essere *Democratiche*, nel corso della loro storia hanno sperimentato con alterne vicende tutti i modelli di governo di cui abbiamo accennato e ne portano ancora incrostazioni dure a ripulirsi, infatti è possibile individuare senza troppa fatica pratiche residue sia delle dittature che della monarchia e purtroppo, peggio che mai delle teocrazie, che hanno basi radicate nella nostra cultura e che ostacolano permanentemente tutti gli slanci al cambiamento e all'evoluzione della ragione umana. Una *Democrazia,* per essere tale deve disancorarsi dai modelli che l'hanno preceduta, altrimenti deve considerarsi monca o inconsistente. Come può un sistema che ha eletto il popolo a proprio sovrano, sottostare alle imposizioni dogmatiche di una casta? Se il popolo è sovrano non può accettare imposizioni, quindi anche i suoi rappresentanti devono mettersi in condizione di rendere conto del loro operato in qualsiasi momento, ed i rappresentati, a loro volta devono avere la capacità di discernere quali siano i loro interessi, in modo da pretendere la loro tutela. per il resto, ognuno deve regolarsi in base alle proprie attitudini e alla proprie necessità e convinzioni. Una *Democrazia,* non può essere caratterizzata esclusivamente dal fatto che si tengono elezioni ricorrenti. Le elezioni sono una pratica che in taluni casi può condurre un paese libero a una dittatura. La Democrazia si può riconoscere in maniera inconfutabile nella consapevolezza dei soggetti che vivono nelle società che la applicano e che saranno vigili e attenti affinché nessuno possa farli regredire. Non bastano tuttavia i buoni propositi né le enunciazioni, a creare le premesse affinché un popolo sia libero, ancora meno che le sue condizioni economiche siano decorose. Più si affinano le pratiche per la salvaguardia degli interessi dei popoli e più si assottigliano le armi di chi vuole gabellarli, di chi ha interesse a protrarre nel tempo posizioni di privilegio consolidate. Già nella prima parte di questa raccolta di riflessioni, ho tentato di smascherare il vero ruolo delle religioni, che non demordono dalle loro ragioni d'essere: ostacolare il cammino verso l'emancipazione del genere umano. Il nostro paese, pur dichiarandosi democratico è stato amministrato ininterrottamente da un partito egemone che si è caratterizzato nella distribuzione e nel mantenimento di posizioni di privilegio agli affiliati, allo scopo di protrarre nel tempo il proprio potere, vanificando nei fatti i nobili propositi dei padri costituenti la nostra democrazia. Questo certo non sarebbe accaduto se il popolo fosse stato consapevole, se avesse avuto gli strumenti per valutare una corretta amministrazione della cosa pubblica. Purtroppo il passaggio da suddito a cittadino non è automatico, sono necessari gli strumenti e un lungo cammino, che è stato ed è tuttora osteggiato da chi si oppone alla ragione, contrapponendo ad essa valori trascendentali che disorientano i più.

I colori

Tempo fa, degli amici che praticavano l'alimentazione macrobiotica, "nonostante nella mia ignoranza non perdessi occasione per fare allusioni cretine al riguardo," mi prestarono un libricino che aveva lo scopo di divulgarla, così, dopo un periodo abbastanza lungo di decantazione, finalmente mi decisi a leggerlo. Ne rimasi folgorato, tanto che per alcuni anni, nonostante le difficoltà, non solo la praticai ma ne divenni un persuaso sostenitore. In quel periodo ero interessato anche a tutte le notizie inerenti quel modello di vita, perché di questo si tratta, e alla letteratura sull'argomento. Leggendo delle riviste sulle tradizioni e sui costumi orientali, mi era capitato di imbattermi su un articolo che parlava dell'abbigliamento in uso in India ed in particolare delle donne indiane, che abitualmente vestivano un sahri rosso, colore che ricavavano dalla porpora. Questo abbigliamento di fine cotone era il loro abito estivo e per secoli era stato sinonimo di frescura. Con l'avvento delle nuove tecnologie e della messa sul mercato di indumenti a basso costo, anche rispetto a quelli che le donne indiane confezionavano da sé, erano cambiate le abitudini consolidate, favorite dalla facilità con cui si potevano reperire e dalla foggia della confezione, identica a quella in uso in quei luoghi. Ben presto però, le dirette interessate avevano dovuto prendere atto che quegli abiti non erano affatto freschi, anzi, esaltavano la temperatura già calda di per sé. Cos'era accaduto? Era successo che i colori artificiali adoperati dalle fabbriche per emulare la porpora, non avevano le altre proprietà di questa sostanza naturale e quindi, catturando le radiazioni solari rendevano quegli indumenti insopportabili. Le apparenze, nella storia di tutti i popoli hanno giocato sempre un ruolo insidioso e le donne indiane non sono state sicuramente le uniche ad essere state ingannate. Queste insidie purtroppo non sono presenti unicamente in fatti di questo tipo, molto spesso ci traggono in inganno anche quando cerchiamo di districarci tra coloro che si propongono come nostri rappresentanti, come nostri tutori. Può succedere, quando si vogliono indurre le masse ad accettare scelte che vanno contro i propri interessi, che si cerchi di toccare le loro corde sensibili, come ad esempio la solidarietà e l'altruismo. La nostra società, come tutte le altre finora conosciute, è divisa in modo più o meno marcato in classi sociali, una specie di piramide la cui base è il posto più scomodo e dalla quale tutti vorrebbero migrare. La classe dominante ha escogitato un'infinita serie di misure per costringere la maggioranza ad accettare una posizione subalterna, fino ai giorni nostri, momento nel quale, per evitare una conflittualità che impedirebbe lo svolgimento armonico delle attività necessarie ad una vita sociale, si è siglato un patto che dovrebbe garantire a tutte le componenti, gli strumenti ed i diritti necessari ad una vita decorosa e sostenibile. In conseguenza di questo patto, noi tutti dovremmo accettare volontariamente di ricoprire il nostro ruolo. È successo più di una volta però, che la base, con metodi violenti e non, sia riuscita ad erodere un minimo di benessere dalle classi più alte a proprio vantaggio, ma questi non si sono mai dati per vinti; hanno inghiottito il boccone amaro ed hanno aspettato l'occasione buona per riprendersi tutti i loro privilegi e schiacciare nuovamente i subalterni sotto il loro dominio. È probabile che non ci sia cattiveria in coloro che esercitano posizioni di potere, però sono consapevoli che per mantenere i loro privilegi, è necessario che una gran massa di propri simili si assoggetti a condizioni di vita poco invidiabili e per questo motivo si comportano di conseguenza.

Il millenovecentosessant'otto, è stato l'inizio di una lunga serie di lotte che negli anni ha permesso alle classi lavoratrici di migliorare sensibilmente le loro condizioni di vita e garantirsi diritti fino ad allora negati. La classe egemone ha dovuto accettare quelle condizioni fino a quando non si sono modificati i rapporti di forza e attualmente possiamo assistere ad un'erosione sempre più marcata di quelle conquiste. Per lungo tempo, in cuor mio, ho rimproverato questa regressione alle nuove generazioni, che non hanno avuto la capacità di proseguire nel cammino di coloro che li hanno preceduti e consolidare quei progressi; di accettare condizioni che i loro genitori avevano osteggiato. Poi, nel tempo, dopo un'attenta riflessione ho dovuto prendere atto che se ci fossero state le condizioni attuali, nemmeno noi saremo stati in grado di conquistarci quei benefici; che siamo stati traditi, forse senza consapevolezza, ma siamo stati ingannati da chi avrebbe dovuto rappresentarci. Non bisogna essere dei grandi economisti per sapere che in una condizione di larga disponibilità di mano d'opera, chi ne ha bisogno può dettare le proprie condizioni con più facilità. A questo scopo hanno lavorato fino a quando si è presentato il momento opportuno ed ora sono più forti che mai. Negli anni d'oro della protesta studentesca ed operaia, si erano create le condizioni ideali per accedere a quelle conquiste. Eravamo in un periodo di espansione economica e c'erano solo le nostre braccia, disponibili a trasformare le materie prime in prodotti finiti. Oggi, nelle attuali condizioni possiamo solo regredire ed è solo una chimera l'idea che possiamo avere dei benefici attraverso la rappresentanza politica. Sono i rapporti di forza che fanno avanzare l'una o l'altra classe sociale. La classe padronale gode per il regalo che le viene offerto attraverso l'ingresso di mano d'opera a basso costo. Per i lavoratori locali non c'è più alcuna prospettiva di riscatto. È evidente che fino a quando persisteranno queste condizioni dovranno solo subire. Nel passato, nei momenti di difficoltà, i lavoratori, i famigliari dei lavoratori monoreddito, si adattavano a tutta una serie di mansioni di ripiego, riuscendo in qualche modo a bilanciare la situazione. Oggi tutti quei posti sono occupati da cittadini stranieri; per i lavoratori locali con la perdita del lavoro si affaccia immediatamente la miseria più nera, l'umiliazione, la catastrofe. Riflessioni,

queste, che devono dare frutti ben più sostanziosi del comprensi-
bile scoramento cui potrebbero condurci, se non altro potremmo
dedurne una consapevolezza: che la conquista più lungimirante è
la capacità di discernere, di saper smascherare chi è animato dal
più bieco disprezzo per le ragioni delle classi lavoratrici e ne vuole
insidiare il libero arbitrio.

La censura e la morale

Tra le tante forme di censura che la cultura dominante ha messo in atto nell'esercizio del suo potere, ce né una che ci è stata insinuata come componente attiva che ci induce ad esercitarla su noi stessi ogni qualvolta le nostre spinte istintive, od anche ragionate, possono tentarci ad eludere gli schemi che ci sono stati inculcati. È così che si perpetua la morale vigente, come una macchina che si alimenta da sé, fino a quando qualcuno non ha la capacità di inibirla. Coesistere in una società comporta sicuramente un minimo di adattamento e l'osservanza di regole per rendere possibile la convivenza, però ad un certo punto, chi deteneva il potere si è spinto molto oltre il lecito, nel tentativo di perpetuare il proprio dominio nel tempo ed ha studiato le regole che conosciamo per renderci succubi. Col passare degli anni e dei periodi storici, l'essere umano si è evoluto e molte delle regole che erano state indispensabili nel passato sono risultate inutili o addirittura controproducenti nel presente, però le abitudini consolidate continuano a perpetuarsi, così accade che ancora oggi ci trasciniamo delle autentiche ancore che intralciano il nostro cammino. In una società complessa come quella in cui viviamo ai giorni nostri, nella quale la convivenza civile è già problematica di per sé, le regole dovrebbero essere limitate al minimo, perché anche in questo modo sarebbero comunque sufficientemente numerose, ma quali dovrebbero essere i presupposti? Quando una società si considera sufficientemente matura da potersi definire democratica, eleggendo implicitamente a sovrano il popolo, deve considerare il medesimo capace di discernere, quindi le regole devono limitarsi alla gestione economica e alla salvaguardia dei diritti e dell'incolumità delle persone, tutti gli altri aspetti del vivere in comune devono considerarsi una prerogativa individuale ed ognuno dovrebbe avere la libertà di decidere a proprio piacimento. Lo stato non può imporre comportamenti morali, in primo luogo perché essi limitano la libertà individuale, inoltre, questi creano conflittualità tra gli individui e complicano la gestione stessa della libera e pacifica convivenza e poi è da dimostrare che queste regole tutelino in qualche modo gli interessi collettivi. Come individuo, devo dire che mi sento profondamente umiliato, quando un altro individuo che è stato eletto per rappresentare i nostri interessi, si prodiga invece per imporre comportamenti che non sono indispensabili per la civile convivenza. Ognuno deve impegnarsi per adeguarsi al proprio modello di vita senza imporlo agli altri. Dobbiamo sfrondare le regole morali che condizionano profondamente la nostra vita, rendendocela più difficile; che sono causa di sensi di colpa quando non siamo in grado di adeguarci ad esse, che ci castrano nel momento in cui stabiliamo rapporti affettivi, limitando l'espressione del nostro slancio per paura di apparire troppo trasgressivi agli occhi della persona amata, per il timore che in conseguenza di ciò, essa possa giudicarci male. La nostra società è ingabbiata da queste regole che come effetto collaterale impediscono alla nostra immaginazione ed ai nostri sensi di captare le infinite possibili alternative. Alla fine le vittime siamo sempre noi, perché dobbiamo subire azioni perpetrate nei nostri confronti e tollerate unicamente per il fatto che non siamo consapevoli della nostra dignità, o forse perché non abbiamo ancora imparato ad essere cittadini a tutti gli effetti e preferiamo rinunciare a parte dei nostri diritti in cambio di presunti privilegi. Ma, la nostra sottomissione non è casuale, ciò è possibile perché nel nostro modo di agire quotidiano facciamo delle scelte, spesso inconsapevoli, ma decisive per il nostro destino, quindi siamo noi come individui che decidiamo la nostra condizione. Si tratta di affinare le nostre capacità per fare in modo di essere più consapevoli per le scelte future, altrimenti saremo sempre ostaggio delle decisioni degli altri.

L'anima e il corpo

Le istituzioni religiose, come sappiamo bene, si propongono per la salvezza della nostra anima e a tale proposito si pongono come massima autorità in materia, quindi il loro prodigarsi dovrebbe avere confini ben definiti e limitarsi all'informazione e alla proposta, in modo tale che poi gli individui, singolarmente, possano orientarsi in base alle loro percezioni privilegiandosi del libero arbitrio, cioè della libertà di scegliere se seguire o meno i loro insegnamenti. Sappiamo tutti che nella pratica i fatti si svolgono in maniera ben diversa ed il corpo, che dovrebbe essere solo un involucro da abbandonare su questo pianeta alla fine dei nostri giorni, assume un'importanza tutt'altro che secondaria, anzi, potremmo affermare che al pari delle civiltà che ci hanno preceduto e dalle quali il clero sembrerebbe volersi distinguere in maniera netta, allo stesso modo, in venerazione di questo involucro hanno edificato un mastodontico culto dei morti; ma questo è solo un aspetto secondario rispetto alle contraddizioni che anche per l'argomento in questione li contraddistingue. Ciò che sorprende è l'accanimento col quale tendono ad allontanare nel tempo l'evento fatale, dimostrandosi più materialisti di quanto vogliano lasciar intendere. La loro incoerenza non si attenua nemmeno quando affermano che non si può togliere ciò che la loro entità ha dato, alludendo in questo caso alla vita che in altre circostanze hanno stroncato senza troppi patemi d'animo. Le occasioni per raggiungere l'amato traguardo, la contemplazione del loro dio, non mancherebbero certo anche senza forzare volontariamente i tempi, quando la loro entità tende qualcuna delle sue trappole con l'intenzione di richiamarli, ma loro sono pronti a tutto pur di eluderle, non si creano problemi nemmeno quando la loro salvezza potrebbe costare la vita di molti altri individui, e a tale scopo chiamano a sé stuoli di luminari che si prodigano in loro favore trascurando gli altri bisognosi, altrettanto cari alla loro divinità. Sono prodighi di consigli ed affermano di essere infallibili, non hanno il minimo tentennamento quando sono altri a dover percorrere il sentiero che hanno tracciato, e sugli altri si accaniscono per prolungare con un'ostinazione infernale sofferenze e mortificazioni, pur di tenerli legati ad un sottilissimo filo tra la vita e la morte che non augureremo mai nemmeno al più odiato nemico. Almeno si accontentassero di pretenderli per loro, simili trattamenti, invece così non è, vogliono imporre a tutti, percorsi che non hanno niente di umano e che rappresentano un'incoerenza bestiale con qualsiasi logica. Per coloro che sono immuni alle teorie trascendentali, la qualità della vita è un valore irrinunciabile e inorridiscono all'idea di essere tenuti in vita artificiosamente da una macchina, quando non sono più rilevabili impulsi elettrici da parte della nostra materia grigia, ma non è la sola ragione che li induce a rifiutare simili evenienze, in loro c'è anche uno slancio di estrema generosità: permettere a coloro che hanno certezze di guarigione di usufruire delle risorse che gli sono necessarie a tale scopo, e che altrimenti verrebbero sottratte per mantenere nel tempo la moltitudine umana in uno stato vegetativo assai poco edificante. Questo è il fine ultimo che persegue la logica dell'accanimento terapeutico che taluni vogliono imporre a tutti noi.

La stampa e i mezzi di informazione

Se non ci fossero bisognerebbe inventarli, perché in condizioni normali sono uno strumento indispensabile per la formazione dell'opinione dei cittadini, riguardo agli avvenimenti della vita politica e sociale. Questo, se giornali e più in generale gli strumenti di informazione svolgessero il loro compito, che è quello di riportare i fatti, lasciando che ognuno, poi, singolarmente, si formi un'opinione. *Purtroppo chi ha interessi da difendere è pienamente consapevole delle condizioni in cui si trova la stragrande maggioranza di noi,* che non siamo in grado di farci un'opinione. In considerazione di questo fatto terribile che mortifica la nostra qualità di liberi cittadini, molti di coloro che gestiscono i mezzi di informazione si prodigano con l'intenzione di carpire la nostra fiducia, e le notizie non vengono mai divulgate se non col filtro che le distorce, tramite il vaglio di chi le pubblica. Costoro studiano ogni sotterfugio utile a condizionare la fetta di mercato di cui dispongono, cercando di adeguarli e renderli affini agli interessi che attraverso l'editoria cercano consenso. Individui che operano in un settore che pretenderebbe caratteristiche intellettuali superiori alla media, nella pratica si rivelano asserviti in maniera inscindibile ai loro editori, o agli interessi che rappresentano; spesso unicamente per conservare la posizione, quando non avviene addirittura per tutelare il posto di lavoro. I telegiornali locali sono un esempio deprimente di conformismo tra i più spinti. In effetti essi si sforzano di rappresentare una realtà che il potere si auspica, più che quella reale. Uno scenario che la dice lunga sulla loro indole e la vocazione a un'informazione neutrale. Sembrerebbero invece più interessati a rappresentare una società arcaica e appiattita più di quanto realmente sia già, sulle posizioni delle istituzioni religiose; divulgando ogni loro iniziativa e ogni loro sproloquio come verità incontestabili. In queste condizioni dobbiamo avere la capacità di districarci e formare la nostra opinione tra insidie che poi non sono così difficili da individuare, una volta che scopriamo le caratteristiche di chi vuole raggirarci. Il nostro panorama si estende a soggetti davvero istrionici, nella selva variegata delle testate, alcune delle quali talmente schierate da sostenere i loro padrini anche quando sono indifendibili sotto ogni aspetto. Altre volte si lanciano in campagne che anziché avvalorare le loro tesi, sono un'occasione per smascherare le loro contraddizioni. Cosa potremmo dire di tutti coloro che si sbracciano per affermare il valore della concorrenza, che a loro dire farebbe emergere qualità e trasparenza, quando invece non reggerebbero un solo giorno senza il sostegno delle sovvenzioni statali? Simili giornali sono gestiti con l'unico scopo di divulgare opinioni personali, fatti su misura per solleticare egocentrismi individuali, per promuovere la disgregazione e la disinformazione. Questi strumenti anziché aiutarci nella nostra auspicabile emancipazione, ci confondono ancora di più le idee, facendoci dubitare fortemente della loro utilità complessiva.

La difesa della vita

Quando ancora mi cimentavo in discussioni estenuanti con amici e parenti, sugli argomenti che i mezzi di comunicazione di massa rendevano di attualità, avevo potuto constatare una contraddizione piuttosto ricorrente: tutti i miei interlocutori che si dichiaravano *credenti*, erano schierati per la pena di morte e molto spesso favorevoli ad interventi militari per la soluzione delle controversie internazionali. Ora, quando noi ci prodighiamo per divulgare un valore, penso che sia indispensabile un minimo di coerenza, quindi non possiamo fare una battaglia per la salvaguardia della vita, considerando l'aborto uno strumento per la soppressione di una di esse, ed essere al contempo favorevoli ad interventi militari che sicuramente sopprimeranno tante vite pienamente compiute. Se ci comportassimo in questo modo, chi ci ascolta avrebbe pieno diritto di dubitare di noi e di vedere nel nostro atteggiamento secondi fini che poco hanno di nobile, se non quello di causare dolore a chi si deve sottoporre con sofferenza fisica e psichica a pratiche che nessuno affronta con animo leggero. La verità è che anche in questa circostanza si vuole imporre un modello culturale, altrimenti non si capisce come mai, le stesse persone che vogliono salvaguardare delle vite proibendo la pratica dell'aborto, sono contrarie anche alla pillola del giorno dopo, che ridurrebbe drasticamente il ricorso ad esso. Quegli individui affermano che la sostanza non cambia, che appena lo spermatozoo s'incontra con l'ovulo, da quel momento è in atto una nuova vita. Ebbene, se vogliamo portare questo ragionamento alle estreme conseguenze, allora possiamo affermare senza tema di smentita che anche lo spermatozoo e l'ovulo femminile, anche singolarmente sono delle vite potenziali e che quindi dobbiamo porci nella prospettiva di difenderli e di tutelarli. Se volete fate pure, vediamo un po' quanti se ne disperdono all'interno del clero...

Ma cosa succederebbe se malauguratamente si dovessero seguire le proposte di coloro che periodicamente si candidano a tutori della vita? Quasi sempre costoro esprimono sentenze dal loro pulpito, da condizioni di privilegio che si sono ricavati o che hanno ereditato, e poco si curano delle condizioni in cui versano, anche in paesi considerati ricchi, sacche sempre più larghe di miseria e di povertà nelle quali anche una sola ulteriore bocca rappresenta problemi drammaticamente insolubili. Situazioni nelle quali, per i più svariati motivi, non sempre è possibile l'accesso a sistemi anticoncezionali collaudati e si ricorre quindi a sistemi empirici. Il ricorso all'interruzione della gravidanza si è praticato da quando l'essere umano ha cominciato a percepire che la nascita di un individuo doveva essere legata a un atto d'amore, e non a cause accidentali, e così continuerà a essere; che questa pratica sia legalizzata o che invece vi si debba ricorrere di nascosto. La difesa della vita si pratica allungando lo sguardo, guardando il lungo periodo, prendendo atto che una natalità indiscriminata mette a rischio l'esistenza stessa di tutto il genere umano, o quantomeno, creerebbe condizioni di vita che non la renderebbe degna di essere vissuta.

Non basta schierarsi, comunque, perché in questo caso sarebbe possibile anche a chi costruisce armi per la distruzione di massa, collocarsi dalla parte di coloro che sono contro le guerre. Ci sono tanti modi per uccidere, uno dei quali è possedere più di quello che ci è necessario, privando in questo modo degli strumenti per la sussistenza coloro che non hanno nemmeno l'indispensabile. Se tutti quelli che si prodigano nella battaglia per la difesa della vita fossero coerenti e veraci, dovrebbero rinunciare ai loro beni superflui ed elargirli a chi ne è carente, solo in questo caso sarebbero veramente credibili. No, c'è una ragione più profonda e inconfessabile dietro queste prese di posizione, un odio mal celato nei riguardi delle donne e del loro diritto all'autodeterminazione; le si vuole respingere nel loro ghetto di fattrici, dal quale guardare come spettatrici agli avvenimenti del mondo, in cui è l'uomo a prendere le decisioni.

La mistificazione

Mi è capitato spesso, abitando in zona, di recarmi alle grotte di Domusnovas, soprattutto d'estate, perché al loro interno la temperatura è costante, quindi, in quella stagione percorrendole si trova anche refrigerio dalla calura opprimente. Ci ero andato tante volte ma con occhio poco incline ad intercettare tutti gli aspetti che rappresenta quel monumento della natura. Qualche anno fa, in una di quelle incursioni avevo incontrato un amico del luogo, sicuramente più attento e documentato di me. È stato lui a farmi notare ciò che ancora resta di antiche mura, talmente antiche che in parte sono state inglobate da una colata di calcare che sarebbe dovuta diventare una stalattite, se non avesse incontrato il manufatto nella sua traiettoria. Evidentemente, in tempi remoti la grotta è stata abitata, forse in epoche addirittura prenuragiche, e le mura, probabilmente l'avevano trasformata in una roccaforte, con tutte le comodità possibili per quei tempi, considerato che al suo interno scorre un corso d'acqua. Dopo questa premessa si sarebbe portati a credere che la logica più elementare avesse indotto chi di dovere a intitolare le grotte ai suoi primi abitatori, invece no, le hanno intitolate a San Giovanni, probabilmente in virtù dell'acqua abbondante, anche se quei luoghi ed il santo non hanno mai avuto il minimo contatto, nulla a che fare. Questo è solo uno dei milioni di esempi che si potrebbero fare in proposito. Da quando la chiesa ha preso il potere, ha impresso ovunque la sua effige, occupando tutti gli spazi, inglobando tradizioni pagane e facendole sue, rinominando località, centri abitati, fiumi, montagne; attribuendosi meriti che non ha mai avuto, mistificando tutto in modo da ricavarne un beneficio d'immagine. Sembrerebbe che stiamo parlando di tempi remoti e invece questo meccanismo è ancora in vigore, si perpetua senza che noi ne prendiamo atto. A tante opere contemporanee frutto dell'ingegno umano, costruite con somme rese disponibili dai contribuenti, come per magia vengono assegnati nomi di santi o di papi; tra queste gli ospedali, che dovrebbero essere luoghi in cui la scienza afferma la sua messa in opera. Non è un caso, fa parte della solita strategia con cui la chiesa impone i suoi schemi mistificatori. Vorrebbero farci credere che in quei momenti di estrema necessità ci stiamo mettendo nelle mani del santo di turno. I medici, dobbiamo dirlo, molto spesso si comportano in modo tale da essere coerenti con questa logica, intercalando i loro discorsi con frasi del tipo: *se dio vuole, s'invochi a qualche santo e così via.* Rinnegando in questo modo la ragione per cui svolgono le loro mansioni in quel luogo e i presupposti necessari a ricevere tale incarico, e cioè lo studio e la preparazione medica. Immaginate con che cuore può farsi ricoverare un individuo razionale, quando sente il medico che gli dice: *si metta nelle mani di dio,* oppure, *vedrà che andrà tutto bene, con l'intercessione di qualche santo.* Ma che fine ha fatto la scienza? Possibile che con quello che ci costa la sanità, per curarci dobbiamo metterci nelle mani di una presunta entità superiore? Io a questo punto farei una proposta: chi vuole curarsi attraverso le intercessioni di santi e divinità e i medici che vi si affidano, che si riuniscano in preghiera nelle chiese in attesa della guarigione. Gli altri, coloro che credono nelle capacità umane e nel suo ingegno, dovrebbero aver diritto a farsi curare da medici altrettanto razionali e che s'impegnano per ampliare le loro conoscenze, anziché perdere tempo in genuflessioni continue in conseguenza del loro asservimento culturale e non, alle diocesi di appartenenza. Se ne sentono tante sulla sanità, di pressappochismo, di negligenze, di gestione clientelare, ma la nostra assuefazione ci fa perdere di vista altre incongruenze: come mai ad esempio, spesso, i malati sono rimandati da un ospedale all'altro per mancanza di posti letto e allo stesso tempo, in tutti si allestiscono cappelle che non hanno niente a che fare con la cura degli infermi? I malati, quando non sono moribondi e possono alzarsi dal letto, sono costretti a ricevere le visite senza un minimo di riservatezza, nella camera che condividono con gli altri, mentre proprio per la loro condizione avrebbero più bisogno di conforto e di intimità con i loro cari, però questi spazi non sono quasi mai previsti. Gli interessi del clero prevalgono e con la scusa di portare una parola di conforto per i malati, proprio perché riescono a imporre la loro volontà e la loro presenza, nonché la loro "tutela", rappresentano ancora una volta la causa delle sofferenze dei più deboli. Loro comunque non rinunciano a pretendere i propri avamposti, perché dal dolore e dalla sofferenza traggono linfa vitale per le loro istituzioni, ma non dimentichiamoci che sono estremamente pratici e tra una confessione e una comunione, tentano i malati cercando di convincerli a donagli i loro beni, approfittando delle loro debolezze contingenti.

Il nostro giudizio non può che essere pesantemente negativo, riguardo a questa organizzazione di potere, però non possiamo fare a meno di considerare che alla base della piramide operano tante persone in buona fede, soggiogate da una sottomissione psicologica. Sono nostri amici, parenti e per una buona parte della nostra vita noi stessi, condizionati dalla loro "dottrina". Ci siamo mossi con slancio supportandoli nelle più svariate attività, dalle quali hanno sicuramente lucrato, nonostante il nostro impegno gratuito. I più sono spinti da nobili propositi, il problema sono i condizionamenti culturali che ci inducono a considerare buone e meritevoli pratiche che nel tempo si ritorcono contro di noi. Siamo vittime tutti della sindrome di Stoccolma, legati ai nostri carnefici. Nel tempo si è creato un circolo vizioso per cui siamo diventati carnefici e vittime nello stesso tempo ed impieghiamo gran parte delle nostre risorse per perpetuare il sistema. Taluni sono talmente infervorati dalla necessità di affermare le proprie convinzioni ed il messaggio che li muove, da essere disposti a veri e propri atti di follia per sottomettere, o addirittura sopprimere, coloro che ne ostacolano il cammino. Di quanto sia distorta la collocazione delle priorità nell'agenda dei proseliti più accaniti, potremmo prenderne atto ogni volta che si verifica una catastrofe naturale, al momento della ricostruzione, perché, potete esserne certi, si darà sicuramente la priorità al recupero dei luoghi di culto e di quelli destinati al clero, trascurando le necessità delle persone e della produzione di beni per sostenerle.

Ciò detto, credo che sia opportuno rimarcare che noi persone razionali non siamo mossi da propositi censori, riteniamo che una democrazia debba garantire a tutti la possibilità di esprimersi e vivere secondo le proprie convinzioni, ma con altrettanta fermezza deve essere chiaro che non si possono imporre ad altri. Ai credenti sono riservati una quantità innumerevole di luoghi nei quali possono praticare i loro riti, che continuino pure a praticarli, senza tediare chi non li condivide e rispettando il prossimo.

Per finire

Se qualcuno un giorno avrà il coraggio di pubblicare questa raccolta, non ci vuole molto a immaginare quali reazioni potrà provocare da parte di coloro che s'identificano nelle attuali istituzioni, ed avranno anche gioco facile, non appartenendo il sottoscritto ad un élite cui viene riconosciuta credibilità a prescindere; del resto se cercassi consenso mi sarei cimentato sicuramente in altri scritti. Io non voglio controbattere, mi limito a osservare le condizioni in cui ci hanno trascinato coloro che hanno governato il nostro paese fino ad oggi; con la loro cultura, le loro conoscenze ed i loro metodi. Una classe parassitaria che come primo obiettivo ha la sistemazione di tutti i propri familiari, amici e clientele, incuranti degli effetti che hanno provocato alla nostra economia. Tanto poco tenevano alle sorti dello stato che per mantenere i loro privilegi hanno fatto l'impossibile per gabellare e dividere il popolo, rendendolo incapace di discernere i meccanismi con cui viene amministrato.

Comunque sia, voglio precisare che questa raccolta di riflessioni è dinamica, in quanto tale inesauribile e in conseguenza di ciò, la sua stesura è solo sospesa temporaneamente, la considero un contributo mio personale *alla ricerca della verità, ma non è tutto,* auspico rettifiche da parte di tutti coloro che hanno a cuore questa ricerca e che vogliono dare il proprio contributo in modo costruttivo e leale.

Voglio aggiungere ancora che queste sono riflessioni del tutto mie, fanno parte del mio percorso, che è unico. Ognuno nel proprio cammino sviluppa le sue, che possono discostarsi di poco, od essere diametralmente opposte, in piena legittimità.

Carlo Fulgheri

Alla ricerca della verità
di Carlo Fulgheri